AF468482

PROCÈS
DES VINGT-SEPT

OU

DE LA SOCIÉTÉ DES DROITS DE L'HOMME

ET DES ÉLÈVES DE L'ÉCOLE POLYTECHNIQUE.

Discours de Raspail

ET

PLAIDOIRIES DES AVOCATS,

suivis

DU RÉQUISITOIRE DU PROCUREUR-GÉNÉRAL

CONTRE

Les avocats Dupont, Pinard et Michel,

DE LEUR DÉFENSE

ET DE L'ARRÊT D'INTERDICTION.

A PARIS.

Chez Adolphe Riou,

DIRECTEUR DE LA PROPAGANDE RÉPUBLICAINE,

rue Traînée, n. 15.

1834.

PROCÈS

DES

VINGT-SEPT.

Le 28 juillet 1833 pouvait être encore une des grandes journées de la France ; une partie de la garde nationale criait *A bas les bastilles* en face du roi qu'elle accusait de les vouloir, et l'immuable volonté, irritée de cette résistance qui déconcertait ses projets, pouvait être entraînée dans les voies de la violence. Les gardes nationaux attaqués se seraient infailliblement défendus ; les citoyens les plus généreux seraient accourus à leur secours, les plus prévoyants se préparaient même à la défense, car la guerre pouvait subitement éclater entre le pouvoir et le peuple.

Le résultat de la lutte devait effrayer les plus téméraires ; après avoir tout fait pour empêcher les cris de la garde nationale, Louis-Philippe se résigna donc à les entendre.

Mais sa police devait transformer les cris et les préparatifs de défense en un vaste complot. Plus de deux cents citoyens sont arrêtés ; on fabrique une immense conspiration ; la redoutable Société des Droits de l'Homme en sera le foyer. Vingt-sept accusés paraîtront devant la cour d'assises ; M. Persil dressera l'acte d'accusation ; on ouvrira les débats le 11 décembre pour les terminer le 22, la veille de l'ouverture de la session législative ; et si l'on peut obtenir une condamnation, c'est par la peur encore qu'on disposera des chambres et qu'on exploitera le pays.

Aussi que d'efforts de la part de l'accusateur ! Que d'artifices, que de falsifications même dans l'acte d'accusation ! Que de dangers ces manœuvres accumulaient contre les accusés !

Et qui sont les prétendus coupables ?

Un savant que son énergique patriotisme dévoue à l'éternelle persécution de la royauté ; un ancien capitaine de hussards qui sait braver la police comme il saurait braver l'ennemi ; un jeune poète que sa poésie hardie tenait encore emprisonné le jour où pouvait éclater la lutte ; des ouvriers, des membres de la Société des Droits de l'Homme, de cette société d'hommes de juillet qui fait trembler la monarchie, que la police traque et poursuit arbitrairement partout; une jeune fille, enfin quatre élèves de l'Ecole polytechnique....

Des élèves de l'Ecole polytechnique! de cette école qui fait tant d'honneur à la France, qui lui rendit tant de services, dont le nom est si cher à la liberté et dont le courage est si précieux à la patrie! De cette école qui s'opposa toujours au despotisme, et dont ni le directoire, ni le consulat, ni l'empire, ni la restauration, n'osèrent jamais faire paraître l'habit devant une cour d'assises! De cette école qui nous donna tant de généraux populaires dans la grande semaine! De cette école à qui l'on prodigua tant d'éloges après la victoire que l'un d'eux acheta de son généreux sang! De cette école qui, regardant le dévouement comme un devoir, refusa les récompenses qu'on offrit à son patriotisme!

Mais ces hommes (et le pouvoir ne devrait pas l'ignorer) sauront bien répondre à leur accusateur, et la courageuse éloquence de leurs défenseurs saura bien flétrir et foudroyer l'accusation.

Enfin après cinq mois de détention préventive, les voilà devant le jury.

Séance du 11 décembre.

Les abords de la Cour d'Assises sont de bonne heure envahis par un très grand nombre de curieux et d'amis des accusés. Plus de cent témoins ont été appelés à la requête du ministère public. La Cour entre en séance, elle est composée de MM. **JACQUINOT-GODARD**, président; **DOZON**, **BRIZON** et **BARNEVILLE**, conseillers, et **DE BASTARD**, conseiller supplémentaire.

M. **PERSIL** ne vient pas lui-même soutenir l'accusation, il laisse ce soin à l'avocat-général **DELAPALME** qui, sous Charles X, a déjà donné plus d'une preuve de zèle.

Les vingt-sept accusés sont présents, leur mise est tout à la fois simple et décente, la confiance brille dans leurs yeux ; tous portent à leur chapeau la cocarde tricolore, les élèves de l'Ecole Polytechnique sont en costume.

Voici les noms des accusés et de leurs défenseurs.

Accusés.	*Avocats.*
KERSOSI.	DUPONT.
RASPAIL.	PINARD.
LAURENT. Mlle Eugénie LANGLOIS.	BOUSQUET.
ROUET.	MICHEL.
LATRADE. CAYLUS.	BETHMONT.

Accusés.	*Avoçats.*
DUBOIS-FRESNAY.	DELANGLE.
JAVART.	
PARFAIT.	
CHAVOT.	BAVOUX.
LEVASSEUR.	
CHEVÉ.	
BOUDIN.	MOULIN.
CHUQUET.	
BONJOUR.	
VANGARNER.	BOUSSI.
SARDAT.	
LEROUGE.	
CHEVALLIER.	FENET.
CORNU.	
DUBOIS.	
JACQUEMIN.	BRIQUET.
BREGANT.	
GIROUX.	
BOUCHER-LEMAISTRE.	LACOIN.
LACOMBE.	

Le greffier donne lecture de l'acte d'accusation.

L'importance de cet acte, les incidents qu'il a fait naître, la flétrissante épithète dont la défense a stigmatisé son auteur, le retentissement qu'il aura long-temps encore, nous déterminent à le donner en entier.

ACTE D'ACCUSATION.

Le procureur-général près la Cour royale de Paris expose que, par arrêt du 20 novembre 1833, la Cour royale de Paris a ordonné la mise en accusation du capitaine *Kersosi*, *Raspail*, *Laurent*, *Rouet*, *Latrade*, *Caylus*, *Dubois-Fresnay*, *Sarda*, *Eugénie Langlois*, *Lerouge*, *Jovart*, *Chevalier*, *Cornu*, *Dubois*, *Brégand*, *Jacquemin jeune*, *Chavot*, Boudin, *Chevé*, *Chuquet*, *Levasseur*, *Boucher-Lemaître*, *Parfait*, *Vangarner*, *Bonjour* dit *Olivier*, *Lacombe*, *Girou*, et leur renvoi devant la Cour d'assises du département de la Seine, pour y être jugés conformément à la loi.

Déclare, le procureur-général, que des pièces de l'instruction résultent les faits suivants :

Des publications nombreuses et des accusations célèbres ont fait connaître l'existence de la Société des Droits de l'Homme et du Citoyen, son organisation toute politique et militaire. On sait que les principes de cette coupable association reposent sur la déclaration proposée par Robespierre et rejetée par la Convention. Le régime de 1793 est son culte, son drapeau, Marat, Saint-Just, le 21 janvier, la Montagne, le Bonnet rouge et les Gueux. Ces dénominations ne sont pas le produit de quelques passions délirantes, mais l'œuvre systématique d'un comité dirigeant que l'article 20 des statuts charge de donner des noms et des numéros aux sections.

Cette société, fondée par des ambitieux que la révolution n'a pas satisfaits, est composée d'hommes qui n'ont rien à perdre, mais tout à gagner dans un bouleversement; elle compte dans ses rangs ceux qui, sous le prétexte d'attaquer la forme du gouvernement, n'en veulent qu'à la fortune des citoyens et à la *propriété* en général. C'est l'appât qu'on ne cesse de leur offrir. Le partage des biens, le dépouillement des riches qui possèdent depuis trop long-temps, et auxquels l'équité exige qu'on laisse seulement la *portion* nécessaire à leur existence : voilà ce qui met en mouvement une classe d'hommes qui trouvent plus facile de dépouiller les autres que de se soutenir par le travail.

Par un arrêt du 10 avril 1833, la cour a prononcé la dissolution de cette réunion anti-sociale; mais elle n'en a pas moins continué depuis à s'assembler et à s'organiser plus fortement encore qu'elle ne l'était et à s'étendre de plus en plus.

L'autorité a employé tous ses efforts à la surveiller et à la suivre : elle a constamment arrêté ceux qui contrevenaient ostensiblement à l'arrêt; mais le défaut de sanction dans la loi, l'absence d'une disposition législative qui punit la récidive, l'inutilité d'une nouvelle décision qui aurait encore prononcé la dissolution, tout a prouvé l'impuissance du pouvoir à son égard. L'association a continué à s'étendre, à agir et à troubler ainsi le bon ordre que le gouvernement s'efforçait de rétablir.

Lorsque la Société des Droits de l'Homme s'est crue assez forte pour attaquer en face le pouvoir, qui faisait obstacle à l'accomplissement de ses projets de bouleversements sociaux et politiques, elle a cherché les occasions de se signaler et de commencer un combat qui, à ses yeux, ne pouvait tourner qu'à son avantage.

Elle avait d'abord choisi l'anniversaire des journées de juin; de ces journées qui ont tué l'insurrection et assuré le triomphe de la modération et des saines doctrines. Les organes du parti révolutionnaire avaient tant vanté le courage des insensés que la population de Paris avait écrasés, qu'ils ne demandaient pour leurs nouveaux sicaires qu'un peu plus de bonheur. Mais soit que le cœur manquât au moment d'agir, soit qu'après s'être comptés ils ne se crussent pas encore en assez grand nombre pour commencer l'attaque, ils renvoyèrent aux journées de juillet l'exécution de leurs coupables projets : comme si le peuple de Paris qui, trois ans auparavant, s'était montré invincible contre les attaques de la tyrannie, ne devait plus être assez fort pour repousser l'anarchie et la désorganisation sociale, et pour défendre ses propres foyers!

Jusque-là la Société des Droits de l'Homme chercha à fortifier ses rangs par des affiliations nouvelles et par des séductions adressées à l'armée; elle essaya de jeter des ferments de discorde au sein de la garde nationale elle-même. Une grande question était restée indécise après la clôture des chambres; tout le monde, par une sage prévoyance, sentait la nécessité de fortifier Paris, mais les meilleurs esprits étaient divisés sur le genre de fortification. Les uns voulaient une enceinte continue, les autres parlaient de forts détachés. Dès que le gouvernement inclinait pour ce dernier système, ses ennemis adoptèrent l'autre; mais ils allèrent plus loin : ils ne craignirent pas de proclamer que ces forts seraient élevés contre la liberté; qu'on voulait rétablir les bastilles que le 14 juillet avait démolies, et s'en servir contre les citoyens et les maisons de Paris qui allaient être constamment menacés par le canon. Ces calomnies pouvaient jeter l'alarme au sein de la capitale, effrayer quelques esprits timides et faire naître un germe de division au sein de la garde nationale, que le roi devait passer en revue le 28 juillet. La Société des Droits de l'Homme résolut d'en tirer parti ; elle croyait amener les citoyens à une collision et pouvoir se montrer en armes pour décider la victoire et en profiter.

De même qu'elle s'était adressée à l'armée dans l'espérance d'entraîner quelques faibles soldats par de l'argent et des promesses d'avancement, de même la Société chercha à s'insinuer au sein de l'Ecole Polytechnique ; elle parla aux élèves, non comme aux prolétaires, comme à ces fainéants qui ne travaillent qu'à regret et pour ainsi dire quand la faim les pousse, mais dans des termes qui produisent toujours un grand effet sur l'esprit d'une jeunesse également passionnée pour la gloire et pour la liberté. Elle leur rappela l'exemple de ces jeunes héros qui s'immortalisèrent à l'Hôtel-de-Ville, au Louvre, aux Tuileries ; elle leur dit que le peuple de Paris aimait et suivrait volontiers leur uniforme ; qu'ils n'avaient qu'à se mettre à sa tête et qu'ils lui rendraient l'ordre, l'aisance et la liberté.

Après l'armée et l'école, la Société s'adressa au peuple :

« Citoyens ! dit-elle dans une circulaire répandue avec profusion, le comité éprouve le besoin de vous adresser de nouveau ses remerciements sur l'empressement vraiment patriotique avec lequel vous avez déjà secondé ses efforts. La société des Droits de l'Homme et du Citoyen commence à former un faisceau indivisible ; elle marche comme un seul homme vers le but constant de nos veilles et de nos travaux. Courage, citoyens ! la patrie sourit à la concorde qui règne parmi nous ; l'opinion publique accueille nos doctrines avec intérêt, la sympathie amène dans nos rangs tous ceux qui souffrent. Sur trente-deux millions et demi d'habitants, la France renferme cinq cent mille sybarites, un million d'esclaves heureux, trente-un millions d'ilotes, de parias, de grandes ames vouées en naissant aux tortures du corps et de l'esprit. — Elevons-donc la voix, citoyens ! trente-un millions d'hommes nous écoutent et nous comprennent. Dites-leur que la monarchie n'est capable que de déplacer le bonheur et les souffrances, mais que la république seule peut tarir la source de celles-ci, et rendre à chaque individu sa part de jouissances et de félicité.

« Dites-leur sans cesse que la république seule peut réaliser le gouvernement à bon marché... Elle aura des soldats citoyens.... peu d'impôts.... L'ouvrier fixera son salaire avec l'entrepreneur ; les impôts indirects seront remplacés par l'impôt sur le superflu ; le fisc ne viendra plus compter au pauvre, au prolétaire ses bouchées de pain et son verre d'eau rougie ; le laboureur ne se verra plus obligé de jeter à la rivière une portion de sa marchandise qui dépasse le tarif sur le roulage.

« Dites au soldat que les décisions d'un jury militaire remplaceront la verge de fer du code qui les régit ; que les grades seront à la nomination des soldats, et que le capitaine, hors du commandement, sera l'égal de tout le monde... ; placez sous les yeux de ces guerriers, que l'on abandonne à l'insouciance de la garnison, la trahison qu'on organise dans leurs rangs et dans l'état-major de l'armée... C'est la Vendée, c'est la chouannerie passée et présente qui va devenir l'école préparatoire de l'armée... On parle, citoyens, d'une conspiration organisée dans le château en faveur de Henri V... ; quand on désespère de garder la couronne, on tâche de la vendre au plus offrant.

« Français ! soldats ! citoyens ! veillons tous au salut de notre belle patrie ! veillons plus que jamais ! »

Les premières paroles de cette circulaire font supposer l'existence de quelques divisions antérieures, nées au sein de l'association. En effet, l'instruction a prouvé que deux comités opposés s'étaient d'abord formés ; l'un sous la direction du sieur Raspail, qui était pour les moyens détournés, et que pour cela on appelait *Girondin* ; l'autre, sous la présidence de Lebon, représentait les Montagnards de la Convention, et voulait être sur-le-champ aussi violent qu'eux.

L'esprit qui animait le comité Raspail se révèle par le premier écrit que nous avons déjà cité, et qui a été saisi chez la plupart des prévenus, on y lit : « Formulons nos doctrines de manière à ne repousser aucune conviction ; ne froissons « pas les intérêts, n'attaquons pas *de front* les préjugés, ménageons-les pour mieux « les détruire... Dites à tous ceux qui vous écoutent que nous ne conspirons pas « d'une manière directe, que nous parlons au peuple, pour le convaincre de ses « droits, prêts à le suivre sur la place publique dès qu'il voudra les réclamer. »

Le comité Lebon répondait :

« Il nous semblait à nous que ne repousser aucune conviction c'était faire la paix avec tous les partis. Il nous semblait encore que ne froisser aucun intérêt, *c'était respecter ces positions sociales et politiques que nous devons attaquer*, parce qu'elles pèsent sur l'intérêt commun... On nous répond que ces principes démocratiques on les conserve toujours au fond du cœur, mais qu'aujourd'hui c'est de l'opposition et non du radicalisme qu'il faut faire ; que nos doctrines effrayent et qu'on doit s'appliquer seulement à ramener la bourgeoisie et la garde nationale aux dispositions où elles se trouvaient en juillet 1830.

« Nous répliquons qu'ayant toujours ouvertement professé nos principes, ce serait les renier que de les taire... qu'il est de l'essence des sociétés populaires d'avouer hautement leur principe... qu'il faudrait renoncer à réunir les deux sociétés, s'il était vrai que nos frères se fussent irrévocablement engagés dans la route qu'on leur trace. Mais il est impossible que cela soit ; faisons donc de nouveaux efforts pour dessiller leurs yeux et les ramener à nous. »

Les deux comités différaient moins sur le fond que sur la forme, sur le but que sur le choix des moyens d'attaque, tous deux étaient prêts à renverser : l'un en voilant l'agression, l'autre en se montrant à découvert.

Néanmoins le besoin de ne pas diviser leurs forces faisait désirer aux deux comités une fusion que l'approche de l'anniversaire des trois journées rendait encore plus pressante. Le 21 *juillet*, dix-neuf chefs de série et de section se réunissent et arrêtent les bases, non d'une fusion définitive, mais d'une alliance momentanée, dont l'objet est suffisamment indiqué par sa date et par la création d'un comité d'action. Voici l'acte écrit de la main de l'accusé Kersosi, saisi à son domicile, le 23 juillet :

« Art. 1er. Toute discussion personnelle est interdite à l'un ou à l'autre comité.

« 2. Les deux sociétés sont unies de fait. L'élection d'un comité unique est ajournée *au* 1er *août* 1833.

« 3. Les deux comités désigneront chacun de leur côté deux membres pris dans leur sein; qu'ils adjoindront aux quatre membres du comité d'action, qui dès lors se trouvera composé de six membres représentant les deux sociétés.

« 4. Ce comité sera nommé dans le délai de quatre jours, à partir de ce jour 21 juillet 1833. Chaque comité sera tenu d'en donner respectivement connaissance aux chefs de série des deux sociétés, aussitôt *le comité extraordinaire* établi. »

Cet acte fut immédiatement exécuté. L'instruction n'a pas fait connaître les personnes qui composaient *le comité extraordinaire d'action*, mais des pièces irrécusables attestent son existence et la manière dont il devait tenter d'accomplir sa redoutable mission.

Un ordre du jour émané du comité commença par disposer des forces de la société pour les trois jours anniversaires. La société entière était en permanence pendant les trois jours : les sections devaient se grouper autour de leurs chefs respectifs; elles étaient convoquées pour le samedi soir, 28 juillet, et pour le dimanche matin, à l'effet de recevoir de nouvelles instructions. Cet ensemble de mesures avait pour but, disait le comité d'action, « d'établir entre toutes les sections des communications rapides, de leur donner de la force par une direction homogène et de les rendre prêtes à tout événement. » Il avait encore cet autre avantage d'inspirer de la confiance à tous les ennemis du gouvernement. « Nous devons, ajoutait-il, par notre attitude, attirer à nous tout ce qui a bonne volonté : ce n'est qu'après la victoire qu'il faut faire à chacun justice rigoureuse. »

Cette œuvre du comité d'action n'était pas destinée à la publicité. Elle ne devait être distribuée qu'aux associés, et peut-être qu'aux plus déterminés; mais la révélation qu'en fit un journal dans son numéro du 26 juillet produisit un si grand mouvement d'indignation, que le comité girondin, qui s'était laissé absorber par le comité d'action, crut, sans nier cet ordre du jour, devoir donner les explications suivantes dans *la Tribune* du 27 juillet.

« La Société des Droits de l'Homme a été instituée pour organiser la véritable propagande...... Chaque membre est prêt à remplir son devoir quand la patrie fera un appel à son dévouement; mais le comité ne soumet aucun d'eux aux formes de la conspiration. Le 28, leur devoir sera de joindre leurs voix à ceux de la portion patriote de la garde nationale; et, dans le cas d'une collision du pouvoir avec cette garde civique, de prêter main-forte à celle-ci. »

Cette apologie du dessein de la Société sortait du comité Raspail et de la plume de cet accusé; car on en retrouve les pensées et les expressions dans un écrit de sa main, daté du même jour 27 juillet, et saisi le 28 chez Lacombe; on y lit ce qui suit :

« Citoyens, nous avons recueilli les avis des hommes les plus braves et les plus expérimentés... Nous avons longuement médité sur les chances de la journée de demain... Les sections doivent redoubler de prudence et de résignation; un vaste guet-apens est préparé contre notre bravoure. Demain les sectionnaires doivent se contenter de se répandre comme simples citoyens et de joindre leurs vœux à ceux de la portion patriote de la garde nationale. »

Le but et l'hypocrisie de ces explications ressortissent de leur origine : on les doit à ce comité Raspail qui est pour *les voies détournées*; qui veut *ménager les préjugés pour mieux les étouffer*, et qui conseille de dire que *la Société ne conspire pas d'une manière directe.* Il veut tenter d'amortir l'effet de la publication de l'ordre du jour, mais sans décourager les sectionnaires, et surtout sans les détourner de l'insurrection. Aussi cette pâle et trompeuse opposition n'empêcha pas l'exécution de l'ordre du jour du comité d'action.

En effet, cet ordre prescrivait la convocation des sections pour le dimanche matin, et le dimanche matin, la police trouve réunis et elle arrête chez Chavot, passage du Caire, plusieurs chefs de série et de section, espèce d'état-major d'une bande d'insurgés. Elle saisit sur l'accusé Chavot deux lettres de convocation qui n'avaient pas encore été remises à deux sectionnaires. Le même jour, la section Lerouge se réunissait derrière Notre-Dame, où elle a été arrêtée à midi.

Enfin une lettre du sieur J.-J. Viguerte, approuvée par le comité, imprimée et publiée par la Société, ne laisse aucun doute sur l'exécution de cet ordre du jour.

« La conduite, y est-il dit, des républicains dans cette circonstance (pendant les trois jours) doit nous remplir tous d'espoir *sur le prochain succès de notre belle cause.* Pour la première fois, depuis juillet 1830, le parti s'est montré *organisé, discipliné.* Le comité a conseillé aux sections de se tenir en permanence, et tous les membres étaient à leur poste. Le comité, qui connaît l'ardeur, le dévouement, l'héroïsme des sectionnaires, n'a pas jugé prudent de mettre en face du 7 août des hommes si passionnés pour la liberté, si déchaînés contre le despotisme; tous se sont conformés aux instructions du comité, tous ont fait taire leurs ressentiments et ajourné leur ardeur. »

Mais si le comité a jugé *prudent* de ne pas donner d'ordre, c'est-à-dire s'il c'est convaincu que le bon esprit et la fermeté de la garde nationale, le nombre, l'ardeur et l'enthousiasme des troupes ne lui permettaient pas de compter sur le succès, il n'en est pas moins vrai qu'il avait tout disposé d'avance pour le combat, convoqué ses soldats, indiqué le lieu de leur réunion où tous étaient en permanence, préparé jusqu'au signal de l'action, puisque l'accusé Lerouge, arrêté avec sa section derrière Notre-Dame, a déclaré que sa section avait mission de s'emparer des tours Notre-Dame et de sonner le tocsin au premier ordre qu'elle en recevrait. C'est aussi ce qui résulte d'un autre ordre du jour qui est visiblement émané du même comité d'action, et qui a été saisi dans la nuit du 27 au 28 juillet sur l'accusé Rouet, élève de l'Ecole Polytechnique. Cette pièce, écrite en entier par cet accusé, est ainsi conçue :

« 1° Le service des bataillons sera permanent à dater du 27 au 30 à midi.

« 2° Chaque bataillon se tiendra dans un lieu indiqué au conseil supérieur par l'intermédiaire du commandant.

« 3° Le conseil supérieur s'est mis en rapport avec les comités des sections, et tous les ordres ultérieurs transmis aux bataillons seront concertés entre les conseils.

« 4° Les bataillons se mettront immédiatement en rapport avec leur municipalité.

« 5° Le conseil supérieur recommande spécialement à ces bataillons de ne prendre part à aucun mouvement agressif sans en avoir reçu l'ordre. Si quelque événement grave ou collision vient à éclater, le conseil transmettra immédiatement ses ordres et avis sur chacun des points de réunion choisis par les bataillons.

« 6° Dans chaque bataillon, il sera nommé sans délai un commandant en second du bataillon dont le nom sera transmis au conseil supérieur du jour.

« Citoyens, dans les circonstances graves où se trouve la Cité, le conseil compte sur le parfait accord, la *prudence*, le *courage* de tous les citoyens qui appartiennent aux cadres des bataillons. »

Voilà donc la preuve d'une organisation complète, militaire et civile. La Société des Droits de l'Homme a un conseil supérieur qui la dirige, des institutions militaires auxquelles elle est asservie. Ses sections se forment en bataillons, et ceux-ci ont des municipalités avec lesquelles ils sont tenus de se mettre en rapport. La discipline a ses lois, et le courage, si l'on peut appeler ainsi cette ardeur brutale qui ne respecte rien de ce qui est et n'aspire qu'à bouleverser la société, le courage ne peut pas devancer l'ordre qu'il attend avec impatience. Si ce n'est pas là un complot tel que la loi le définit, il faut avouer que ce mot n'a plus de sens en France. Que manque-t-il à la démonstration d'une résolution d'agir, concertée et arrêtée entre plusieurs personnes? Rien, ni l'espérance publiquement manifestée du succès, ni la menace des vengeances qui devaient le suivre, ni l'attente des complices qui étaient sous les verrous : car, comme aux journées des 5 et 6 juin, les détenus politiques de Sainte-Pélagie annonçaient hautement leur délivrance pour le 28 juillet.

Cependant ce n'est pas tout : en outre des ordres du jour, des sections et des bataillons pour agir, des municipalités durant et après l'action, il fallait à la conjuration des armes et des munitions. Or les conjurés avaient tout cela.

Ils avaient un arsenal dans la fabrique d'armes située rue des Trois-Couronnes, n. 30, où travaillait l'accusé Laurent. Une descente faite par l'autorité dans cette maison, durant la nuit du 27 au 28 juillet, a fait découvrir des fusils de guerre, 75 kilogrammes de poudre fine, 2,000 balles de calibre, des moules, 15 kilogrammes de plomb en lames, un fourneau allumé, du plomb en fusion, et au milieu de ces approvisionnements un ouvrier préparant des instruments pour confectionner des cartouches; des élèves de l'Ecole polytechnique travaillant à la confection de ces munitions, et qui, prévenus de la présence de l'autorité, avaient cherché un réfuge dans le réduit obscur d'un grenier.

D'autres accusés avaient leurs provisions particulières de cartouches, de poudre et de plomb; et tel était l'empressement de deux d'entre eux à s'en procurer, qu'à défaut de moules ordinaires, ils avaient coulé du plomb, le soir du 27 juillet, l'un dans des dés à coudre, et l'autre dans des trous percés dans un morceau de chêne.

La conjuration avait aussi ses orateurs tout prêts à proclamer la révolte. On a saisi le 28 juillet chez l'accusé Boucher-Lemaître, dans son chapeau, un proclamation de l'accusé Parfait aux Parisiens, destinée à les appeler aux armes et au renversement du gouvernement. Quoiqu'elle ait été déchirée, en rapprochant les lambeaux, on y lit encore ces mots significatifs : « Parisiens, nos tyrans ont mis le comble..... Vouloir élever quatorze Bastilles !!! Nous avons protesté par nos cris; ils nous bâillonnent. C'en est trop, *levons-nous, aux armes!* à bas les bastilles! La garde nationale est avec nous. C'est la cause de notre liberté! *L'heure est venue de protester par la force.* A bas les bastilles! »

Des membres de la Société des Droits de l'Homme étaient chargés de donner du retentissement à ces cris et de propager les protestations pour amener une collision et commencer le combat. En effet, pendant la revue, des groupes de jeunes gens ont été remarqués de distance en distance, suivant le cortége, en criant : *A bas les forts détachés! A bas les bastilles! A bas le roi!* Si ces cris avaient trouvé de l'écho dans quelques compagnies de la garde nationale, on aurait vu les sections armées se mêler au mouvement, et, avec plus d'audace, renouveler les 5 et 6 juin.

La conjuration avait aussi ses séides préparés à la mort. L'accusé Chevé avait écrit le 27 juillet, un testament qui a été saisi sur lui lorsqu'il était réuni chez Chavot avec les autres chefs de série pour attendre les ordres du comité supérieur et les transmettre aux sectionnaires. Ce testateur de vingt ans déclare dans cet acte avoir fait d'avance le sacrifice de sa vie à la cause sainte de la liberté, sachant qu'un républicain doit être prêt chaque jour à la mort quand un roi règne sur son pays..... Il lègue à l'enfant qui doit naître bientôt de lui l'héritage de ses croyances morales et politiques, et engage la mère, sa concubine, à faire germer dans le cœur du posthume l'amour de la liberté et la haine des rois.

Voilà, dans la sphère de la prévention qui n'a pu saisir toutes les trames ni embrasser toutes les ramifications du complot, de quels moyens et de quels hommes la Société des Droits de l'Homme disposait pour son exécution. Son existence seule atteste au sein de l'état la présence d'une conspiration permanente. Son but avoué aujourd'hui est d'arriver à une autre forme de gouvernement, à la république, et par conséquent de détruire la monarchie que la révolution de juillet a organisée avec l'approbation de la France entière. Ce n'est pas assez : il faut pour ses membres, dégoûtés du travail, une révolution sociale qui, en les enrichissant de ce qu'on appelle le superflu des riches, ne laisse à ceux-ci que le strict nécessaire, regardant la propriété comme une institution humaine que la volonté du peuple a le droit de détruire et de limiter.

Mais la Société des Droits de l'Homme ne s'est pas bornée à attaquer le gouvernement par la propagation de ses désastreux principes, elle n'a pas eu la patience d'attendre l'effet de cet homicide poison qu'elle a trouvé trop lent; elle a voulu devancer le temps et détruire tout d'un coup à main armée l'édifice social qu'elle avait commencé à miner. Elle a choisi le jour et pour ainsi dire marqué son heure.

C'était le 28 juillet, au moment de la revue que le roi devait passer sur les boulevarts. La société avait d'avance fait provision d'armes et de munitions; ses hommes étaient réunis dans les divers quartiers par le conseil supérieur; la troupe enrégimentée, connaissant ses chefs et leur obéissant, attendait le signal. Un mot, un geste, le tocsin sonnait, et le fer et le feu, au milieu du trouble que les cris *A bas les forts! A bas les bastilles! A bas le roi!* devaient produire, allaient porter la désolation au sein de la capitale et renverser toutes les espérances que la France avaient placées dans un gouvernement national. Si le mot ne fut pas prononcé, si la faction, ainsi préparée, ne reçut pas le signal, c'est le cœur qui manqua. Le calme de la garde nationale, son enthousiasme pour la monarchie, le dévouement de la troupe, l'attitude de l'autorité, l'arrestation qu'elle fit faire de plusieurs coupables, d'une section et de plusieurs chefs pris, pour ainsi dire, en flagrant délit, tout concourut à déjouer ce mouvement insurrectionnel qui, pour n'avoir pas réussi, n'en mérite pas moins d'être puni. Ainsi le veut d'abord la loi, puis l'intérêt de l'Etat et la paix publique, que la justice a le devoir de conserver.

Il nous reste maintenant à en faire connaître les auteurs, et à discuter les charges particulières à chacun d'eux.

L'instruction avait signalé vingt-sept accusés, et placé en première ligne Kersosi et Raspail, comme ayant tout conçu, tout dirigé par leurs écrits, tout secondé par leur exemple. Les vingt-cinq autres ont plus ou moins participé au complot, comme membres de la Société des Droits de l'Homme, et par des actes positifs dont ils n'ont pas même essayé de se justifier. Nous allons successivement analyser les charges qui pèsent sur chacun d'eux.

Kersosi était capitaine dans l'ancienne armée. Sa profession le rendait propre au commandement d'une pareille entreprise. Il était membre de la Société des Droits de l'Homme, et y remplissait un grade élevé.

Dans toutes les entreprises plus ou moins criminelles qui ont eu lieu depuis la révolution de juillet, n'importe leur couleur, le capitaine Kersosi a toujours eu un rôle. Le 8 octobre 1830, alors que des forcenés revenaient de Vincennes et marchaient sur le Palais-Royal, il fut arrêté à quatre heures du matin, armé de deux pistolets chargés; le 2 février 1831, à l'occasion du complot de la rue des Prouvaires, il fut encore arrêté sur la voie publique.

La preuve qu'il s'occupait au moment de son arrestation, qui a eu lieu le 29 juillet, de trames criminelles, c'est qu'il cachait son domicile et son nom, et qu'il ne sortait qu'armé d'une canne ou d'un parapluie à poignard; et le faux nom de *Théo*, qu'il se donnait, avait empêché pendant quelque temps de le retrouver.

Mais les papiers saisis chez lui ne laissent pas de doute sur la part active qu'il prenait au complot.

Nous en avons déjà cité un qui était destiné à cimenter la trêve qu'il avait négociée entre les deux comités Raspail et Lebon, et à créer un comité d'action qui ne devait durer que jusqu'au lendemain de l'exécution du complot. Cet écrit prouve que Kersosi est l'auteur du comité d'action dont il faisait nécessairement partie, comité dit *extraordinaire*, chargé d'organiser le mouvement dans la journée du 28, de donner le signal de l'attaque, et par conséquent de commander le mouvement que la conspiration avait pour but de commencer.

Il résulte de cet écrit, qu'en voyant l'entreprise manquée par la division des sectionnaires, au moment où le complot devait éclater, Kersosi avait dit aux conjurés : « Remettez vos divisions à un autre temps; trêve à vos débats jusqu'au 1er. août. Suspendez temporairement l'autorité de vos comités. Etablissez pour cinq jours une sorte de dictature à laquelle vous donnerez le nom de *comité extraordinaire d'action*; et après la victoire vous ferez à chacun justice rigoureuse.

Cet écrit suffirait pour démontrer les criminels projets des conjurés, et la haute direction qui appartenait à Kersosi dans le complot; mais ce n'est pas la seule preuve que l'instruction fasse connaître à sa charge.

Parmi les papiers saisis chez lui, s'est aussi trouvée une pièce semblable aux trois exemplaires saisis sur les prévenus Chavot et Levasseur. C'est le plan d'organisation de la société. Sous l'art. 1er on lit : « *But de la Société.* Art. 2. Sa composition : un commissaire, cinq sous-commissaires, cinq quinturions, cinq décurions, dix sectionnaires, *vingt éclaireurs.* Art. 3. Le comité se composera d'un membre de chacun des comités de propagandes républicaines existant dans Paris. Art. 4. *Tribunal.* Art. 6. *Serment.* Art. 14. *Obéissance et confiance.* Art. 17. Les adresses ne seront connues que de celui qui reçoit et d'un membre du comité.

Cette effrayante organisation n'annonce que trop les coupables desseins de ceux qui s'y soumettent. Et ce serment exigé des associés, quel est-il? Le tribunal qui est appelé à les juger, le connaît-on? Sait-on davantage les peines que la Société met à sa disposition? Kersosi a les noms des commissaires, sous-commissaires, quinturions et décurions. C'est le rôle de son armée révolutionnaire : là sont inscrits les chefs de série, les commandants de bataillon qui, le 28 juillet, devaient livrer combat à la monarchie. Lors de son arrestation, Kersosi avait sur lui cette importante statistique, et comme il n'ignorait point jusqu'à quel point elle pouvait le compromettre, il s'efforça de la déchirer, d'en mâcher et d'en avaler les morceaux. Néanmoins on en a sauvé assez pour juger qu'elle donnait la clef de cette infernale organisation, et que les noms des chefs de section y étaient précédés d'un numéro d'ordre, comme le voulait l'art. 20 du règlement. Le numéro le plus élevé qui se lit encore sur les fragments échappés à la destruction est le numéro 277.

Tout concourt donc à prouver que le capitaine Kersosi, membre de la Société des Droits de l'Homme, un de ses chefs les plus élevés et les plus actifs, était l'âme de la conspiration du 28 juillet, qu'il la dirigeait, et qu'à lui seul appartenait le commandement principal du mouvement qui devait éclater ce jour-là.

A côté du capitaine Kersosi l'instruction a placé l'accusé Raspail, qui, comme lui, est membre de la Société des Droits de l'Homme et le chef d'un comité qui n'aurait pas voulu conspirer directement et se serait contenté de voies détournées pour arriver au même but. Cette position de Raspail dans la Société est prouvée par des circulaires, des ordres du jour et de nombreux écrits adressés par lui aux membres de la Société avec lesquels, aux termes de l'art. 29 des statuts, il devait communiquer par des écrits politiques.

D'après ce qui précède, cela suffirait pour justifier l'accusation à son égard. Faire partie d'une association instituée uniquement pour miner le gouvernement et en substituer un autre à sa place, c'est conspirer, c'est agir d'après une résolution concertée et arrêtée d'avance. Le gouvernement qui ne trouverait pas dans la législation de son pays de quoi se défendre contre ce genre de conspiration permanente serait un gouvernement qui ne pourrait vivre. Obligé de voir sans se plaindre un autre pouvoir s'élever à côté de lui et sur ses ruines, il n'existerait que le temps indispensable à l'autre pour s'élever et se fortifier. Une telle disposition annoncerait trop d'inconséquence dans le peuple français. Il veut le gouvernement de la Charte comme le seul qui puisse lui donner l'ordre, la paix, la stabilité, et il doit être disposé à frapper tout ce qui n'est institué que pour l'attaquer. Or la Société des Droits de l'Homme n'a pas d'autre but; en faire partie surtout aussi activement que Raspail, c'est conspirer.

Mais on va voir que l'instruction a révélé bien d'autres charges contre lui. Son écrit adressé à l'accusé Girou presque au moment de la revue prescrit une grande prudence aux sectionnaires; il leur permet les cris *à bas les forts! à bas les bastilles!....* « Mais si demain, ajoute-t-il; le peuple nous imposait d'autres obligations, alors, comme en 1830, nous devons prendre conseil de notre courage. »

Nous n'avons pas besoin de faire remarquer que cette mesure trahit l'existence d'un complot, par les efforts mêmes qui sont faits pour régulariser l'action des conjurés. Loin d'interdire la révolte, Raspail en prévoit l'occasion; il semble adroitement la faire dépendre de l'initiative du peuple. Il en présente l'exécution comme conditionnelle, et veut surtout, comme l'explique plus clairement l'ordre de bataille saisi sur l'élève Rouet, qu'on ne se livre à aucun mouvement agressif sans en avoir reçu l'ordre. Mais la définition légale du complot n'exige pas qu'il soit sans condition. La résolution d'agir est bien arrêtée, le signal seul n'est pas donné, et pour éviter les méprises, Raspail indique la circonstance dans laquelle il le donnera. Ensuite ne peut-on pas dire que cette manière équivoque de parler aux conjurés, auxquels on avait déjà indiqué le 28 juillet comme un jour d'action, n'était qu'un artifice pour dissimuler le complot, et justifier à l'avance les directeurs de la Société d'une entreprise sans succès?

Or cette dernière interprétation semble commandée par les faits mêmes de l'instruction.

D'une part, Raspail s'est refusé à toute explication sur cet écrit, comme sur les autres, comme sur les faits généraux; et de l'autre, les accusés Girou et Lacombe ont rejeté cet écrit comme un piége de police tendu pour les compromettre.

Mais ce qui est peut-être plus décisif, c'est la conduite de Raspail après l'intervention de Kersosi; l'acceptation de sa trêve qui a duré depuis le 21 juillet jusqu'au 1er août, et la nomination du comité extraordinaire d'action pour prendre la direction de la Société pendant ces grands jours. Auparavant la Société était divisée en deux partis : l'un qui voulait franchement amener l'attaque à main armée; l'autre qui était bien aussi dans l'intention de conspirer, mais pas directement. Son adresse le portait à paraître suivre le peuple et non à le provoquer : c'est dans cet état qu'intervint le capitaine Kersosi et sa trêve. Il proposa de dépouiller momentanément les deux comités et de les remplacer par la dictature d'un comité extraordinaire d'action qui mettrait, le 28 juillet, les sections en permanence, et aviserait au moyen de profiter des circonstances en utilisant le courage des sociétaires.

Que fait en ce moment l'accusé Raspail? Se montre-t-il contraire à cette proposition? A-t-il refusé sa coopération et recommandé à ses sectionnaires de ne pas céder au comité d'action? S'est-il au moins retiré de la Société? Non : tout prouve au contraire qu'il y est resté; qu'il a obéi comme les autres, ou plutôt qu'il a continué de commander, en passant, comme Kersosi, dans le comité d'action.

Ainsi la part que Raspail a prise au complot est évidente. La justice ne peut pas manquer de le reconnaître à sa haute position dans la Société des Droits de l'Homme, à ses écrits, à sa conduite, et elle ne peut pas refuser de donner, en le punissant, un grand exemple qui contiendra désormais les ambitieux et les mauvais citoyens.

Parmi les agents que la conspiration a employés, et qui ont le plus activement coopéré à cette criminelle entreprise, l'instruction indique Laurent, quatre élèves de l'Ecole Polytechnique, la fille Langlois et l'accusé Sarda, qui tous ont été arrêtés, la nuit du 27 au 28, dans la maison occupée par Laurent.

Laurent a fait de mauvaises affaires : mis en faillite, il n'a donné à ses créanciers qu'un dividende de 25 pour 100. Il demeurait rue des Trois-Couronnes, n. 30, où est établie une manufacture d'armes appartenant au sieur Saint-Quentin. Un sieur Perardel, qui avait été mis en prévention, mais que la Cour n'a pas cru devoir renvoyer en accusation, était l'agent principal de cette maison, dans laquelle l'accusé Laurent avait été admis pour travailler à la confection des fusils.

Lors de la conspiration carliste de la rue des Prouvaires, Laurent fut soupçonné d'y avoir pris part. De l'argent avait été distribué aux ouvriers, et des armes livrées aux conjurés. Les charges néanmoins n'avaient pas été trouvées assez positives pour le mettre en prévention.

A l'époque des journées des 5 et 6 juin, on l'a soupçonné d'avoir participé au mouvement insurrectionnel qui ensanglanta la capitale. Il résultait en effet des témoignages graves que Laurent n'avait opposé qu'un simulacre de résistance à une douzaine d'individus qui étaient allés chercher des armes dans ses magasins.

Les dispositions trop connues de l'accusé pour favoriser les plans criminels des conspirateurs de toute couleur commandaient à l'autorité d'exercer sur lui une surveillance spéciale, dans un moment où son attention était éveillée sur les projets des factieux.

Le 20 juillet 1833, le président de la commission d'artillerie de Paris écrivait au sieur Saint-Quentin, qui, en vertu de ses marchés, faisait travailler dans sa fabrique de la rue des Trois-Couronnes, pour le compte du gouvernement, que le ministre de la guerre désirait que les fusils fussent immédiatement livrés à la commission au fur et à mesure de leur confection, et que ceux qui ne pourraient être livrés fussent démontés et leurs pièces dispersées, de manière à les mettre hors d'état de servir.

L'administration ne s'en tint pas aux instructions écrites : le 22 juillet elle chargea le capitaine d'artillerie Gourousseau de s'enquérir de la quantité de fusils qui pourraient être livrés. Il s'adressa à l'agent de la maison Saint-Quentin, qui éluda ses questions. Il les renouvela le 23, et ne fut pas mieux informé ; on lui refusa même l'indication de la maison de roulage dans laquelle les livraisons destinées aux arsenaux de province étaient déposées.

Cette résistance ne faisant qu'attirer davantage la surveillance de l'autorité, le 24 juillet, elle prescrivit aux fabricants de mettre toute la célérité possible à faire expédier hors Paris tous les fusils achevés, « afin, dit-elle, qu'il ne s'en trouve aucun de disponible à Paris pour le 28 juillet. »

Le 25, le président de la commission d'artillerie ajouta aux instructions du ministre la recommandation très pressante de faire porter toutes les armes au local de la commission, dans la soirée du 25, ou au plus tard dans la matinée du 26.

Néanmoins ces ordres si positifs furent méconnus : non seulement les fusils fabriqués et en état avant le 16 ne furent pas expédiés hors Paris, ni portés, comme le voulaient les dernières instructions, dans le local de la commission d'artillerie ; mais le 25 même et les deux jours suivants on en déposa trois cent soixante sous les hangars de la maison de roulage Gôt et Robillard, où ils étaient à la disposition des malveillants; et il en fut conservé dans les ateliers cent soixante-deux, qui en peu d'instants pouvaient être mis en état de servir. On fit plus : quelques jours auparavant on avait fondu des balles dans les ateliers de Laurent, reçu une assez grande quantité de poudre, et tout disposé pour fabriquer des cartouches.

La révélation de ces faits, parvenue à l'autorité judiciaire, détermina un mandat d'amener contre Laurent et un ordre de perquisition à son domicile.

Le commissaire de police s'y transporta le 27 juillet, à huit heures du soir. Laurent fut trouvé dans son atelier du rez-de-chaussée, occupé à façonner sept morceaux de bois de forme cylindrique, destinés à servir de mandrin pour la confection des cartouches. Laurent a nié cette destination et a prétendu qu'ils devaient servir à une machine propre à filer la laine; mais un expert armurier a déclaré que ces morceaux de bois étaient propres à la fabrication des cartouches; et un autre expert ingénieur et filateur a reconnu que la forme primitive avait été celle de fuseaux, mais que la forme actuelle ne permettait pas de les adapter à aucune machine connue.

Au même moment de l'arrivée du commissaire de police, Laurent pâlit et fut saisi d'un tremblement subit. Il s'approcha de l'accusée Eugénie Langlois, sa belle-sœur, et tout porte à croire qu'il la chargea de prévenir de l'arrivée de l'autorité les autres conjurés qui se trouvaient dans les étages supérieurs de la maison, et qui, dans ce moment même, s'occupaient des préparatifs de la conjuration.

La perquisition se fit successivement dans les ateliers de la fabrique d'armes et au premier étage. 162 fusils y furent trouvés, montés et garnis de leurs baïonnettes. Les batteries assemblées ou en pièces étaient réunies à côté des fusils pour lesquels on les préparait.

Au deuxième étage, de chaque côté de l'escalier, sont deux chambres; l'une dépend de l'habitation de la veuve Langlois, belle-mère de Laurent, l'autre est inhabitée. Les portes de ces deux chambres étaient fermées et les clés égarées; on a su depuis qu'elles venaient d'être retirées par la fille Langlois, à qui Laurent sans doute en avait secrètement donné l'ordre. Les portes enfoncées, on trouva dans la première chambre environ 75 kil. de poudre fine en paquets, jetés sans ordre sur un lit et sur des hardes de femme. Au dessus de la cheminée était un morceau de bois de même forme et paraissant avoir la même destination que les sept façonnés par Laurent à l'arrivée du commissaire de police. La seconde chambre, sur le parement du mur de laquelle était cette inscription : « Ici on s'honore du titre de citoyen, » était éclairée par une croisée laissée ouverte. Au milieu s'élevait une table sur laquelle on voyait deux bouteilles et deux verres contenant des résidus de boisson, quatre moules à balles, trois pinces pour en détacher les rognures, 2000 balles de plomb récemment fondues, sous la cheminée un poêle ou fourneau de fonte rempli de charbon de terre allumé; sur ce poêle un creuset contenant du plomb en fusion, à côté une multitude de rognures et 15 kil. de plomb en lames divisées pour en faciliter la fonte.

Laurent, interpellé sur cet approvisionnement de munitions et sur les individus qui travaillaient à leur confection, a paru consterné; tout ce qu'il a pu dire, c'est qu'il ignorait ce que c'était et ce qui se passait chez lui.

Néanmoins l'état des lieux, ce fourneau allumé, ce plomb encore en fusion, ne permettaient pas de révoquer en doute la présence récente de plusieurs individus occupés à fondre des balles. On chercha avec soin dans la maison, et à deux heures du matin l'inspecteur de police Vitet vint à découvrir dans le grenier, au fond d'un étroit réduit, formé et caché par des poutres, quatre élèves de l'Ecole polytechnique : Latrade, Dubois-Fresnay, Gressier, en uniforme, et Caylus en habit bourgeois.

Pendant les recherches et vers onze heures et demie, l'accusé Rouet, élève aussi de l'Ecole polytechnique, se présenta chez Laurent. Il n'était pas en costume. On le fouilla, et l'on trouva sur lui cet ordre du jour écrit de sa main, que nous avons déjà rapporté, sur le service des bataillons républicains, leur permanence pendant les trois journées, la nécessité de les mettre en rapport avec les municipalités, et l'obligation de ne prendre part à aucun mouvement agressif sans en avoir reçu l'ordre.

Nous reviendrons sur les charges qui concernent les élèves de l'Ecole polytechnique; pour le moment, nous ne nous occuperons que de Laurent.

Les faits matériels qui le concernent sont évidents. De l'inexécution des ordres du ministre de la guerre relatifs à la remise des fusils, du refus de les faire sortir de Paris ou de les porter dans les magasins de l'état, l'accusation conclut qu'on avait voulu les conserver aux insurgés et leur en faciliter, comme aux 5 et 6 juin, un facile pillage. L'accusation tire la même conséquence de la présence des élèves de l'Ecole polytechnique, de l'approvisionnement de munitions et de tout ce qui a été fait, soit pour fondre des balles, soit pour confectionner des cartouches. Que répond Laurent à ces charges accablantes? Il persiste à répéter qu'il ignorait tout ce qui se passait chez lui; il ne savait pas s'il y avait un dépôt de poudre et de plomb; il ne savait pas que quelques élèves de l'Ecole polytechnique étaient renfermés dans sa maison; il ne savait pas qu'on leur avait apporté de quoi se rafraîchir dans des bouteilles, et avec des verres appartenant à sa belle-mère; il ne savait pas qu'on avait enlevé le poêle ou fourneau de son magasin pour le faire servir au deuxième étage à fondre des balles; il ne savait pas davantage que les quatre élèves prévenus de l'arrivée de la justice par la fille Langlois, qui dit en avoir reçu l'ordre de Laurent lui-même, étaient allés se cacher dans les combles. Les autres parties de l'instruction vont montrer ce que l'on doit croire de cette inconvenable défense.

Un ouvrier de Laurent, le nommé René, a déposé que, dans la semaine qui a précédé la perquisition, la fille Langlois et un jeune homme dont le signalement s'applique à Sarda, fondaient des balles dans un coin de l'atelier de Laurent. Au rez-de-chaussée, Laurent en fondait aussi en présence de Pérardel, qui l'a dit au témoin Lallemant. Laurent, Sarda et la fille Langlois affirment que ce n'étaient pas des balles qu'ils fondaient, mais des peignes et des cylindres pour les machines. René, entendu de nouveau, a confirmé sa première déclaration avec une précision de détails qui en prouve la vérité; il a dépeint le creuset et ajouté que le moule devait faire vingt balles. Le juge d'instruction a vérifié, et il a reconnu que le moule avait réellement vingt cavités.

L'instruction a établi que, dans la journée du 26 juillet, à dix heures du matin, une malle longue à peu près de trois pieds avait été déposée derrière la porte cochère qui ferme sur la rue des Trois-Couronnes. Un individu décoré, qui est demeuré inconnu, entra et revint avec deux ouvriers qui enlevèrent la malle et la portèrent aux ateliers; la malle paraissait pesante, disaient les témoins Bailly et Siédel. L'un des deux ouvriers, Coulin, homme de confiance chez Laurent, a déclaré qu'il avait reçu l'ordre d'aller chercher la malle, et qu'il l'avait déposée près du magasin à gauche: le même fait est attesté par Stautin, autre ouvrier de la fabrique.

Or cette malle ne s'est plus retrouvée, le 27, au lieu où Coulin l'avait déposée; mais il en a été saisi une vide de la même grandeur dans le grenier où s'étaient cachés les élèves de l'Ecole polytechnique; et cette malle a paru aux témoins Bailly, Siédel et Coulin, de forme et de grandeur à peu près semblables à celle que les deux premiers ont vue et que le troisième a portée.

Les renseignements fournis par l'instruction ont encore révélé que, le 27 juillet dans la soirée, un mouvement extraordinaire de fiacres et de cabriolets de place avait été remarqué par les voisins dans la rue des-Trois-Couronnes, devant la maison de Laurent et de Pérardel. On avait vu entrer dans cette maison plusieurs personnes, notamment des élèves de l'Ecole polytechnique. Un cabriolet de place était entré, contre l'usage, dans la rue commune. Ceux qui le conduisaient s'étant aperçus qu'ils étaient observés, ressortirent quelques instants après, et l'une des personnes qui étaient dans la voiture en entrant, avait pris la place du domestique : le cabriolet paraissait très chargé.

Entre neuf et dix heures du soir, un autre cabriolet amena trois personnes; deux descendirent, demandèrent le n. 30, cherchèrent à entrer, mais remontèrent aussitôt et s'éloignèrent précipitamment. Une heure après, deux individus se présentèrent à le porte, l'entr'ouvrirent, la refermèrent vivement et s'enfuirent vers la barrière. A onze heures et demie un troisième cabriolet s'arrêta devant le n. 16 de la rue des Trois-Bornes, il contenait deux personnes : l'une d'elles était un élève de l'Ecole polytechnique, l'autre portait une épée à la main.

Tout ce mouvement de voitures, de personnages mystérieux, d'élèves de l'Ecole polytechnique, qui inspirait aux voisins des préoccupations et des alarmes, a échappé à Laurent et à la fille Langlois : ils n'ont rien vu, rien entendu, ni voitures, ni bourgeois, ni élèves, et cependant ils n'ont pas quitté la maison! Et Dubois-Fresnay, l'un des élèves de l'Ecole polytechnique trouvés cachés dans la maison, a déclaré avoir été reçu à son arrivée par Laurent!

Toutes ces circonstances, réunies à ce que l'on sait maintenant des fusils portés au roulage ou conservés, malgré les ordres formels du ministre, des 75 kil. de poudre trouvés au deuxième étage de la maison; des 2,000 balles confectionnées, du fourneau allumé, du plomb encore en fusion, de l'approvisionnement du même métal, des creusets, des moules qui étaient encore là, des élèves trouvés cachés sous les toits, de l'ordre de bataille saisi sur l'un d'eux et terminé par un appel au courage des citoyens, des mauvais précédents de Laurent, qui n'avait jamais manqué l'occasion de mettre sa fabrique au service des ennemis du gouvernement : toutes ces circonstances ne permettent pas de douter de sa coopération au complot dont il était nécessairement l'agent le plus actif.

On va voir que les mêmes charges pèsent avec la même force et la même évidence sur les quatre élèves de l'Ecole polytechnique Latrade, Caylus, Dubois-Fresnay et Rouet.

Il résulte du témoignage de l'élève Dezée, que, le 28 juillet à six heures du soir, il a trouvé réunis au café Lemblin, Palais-Royal, les accusés Latrade, Caylus, Dubois-Fresnay et Rouet. Ils lui ont proposé d'aller, le soir même faire des cartouches avec eux chez Laurent, rue des Trois-Bornes, n. 30; Latrade écrivit lui-même cette adresse erronée au crayon sur le portefeuille du témoin. Dezée ajoute que le motif de la fabrication de ces cartouches était une simple précaution pour le cas d'une collision, « et pour nous mettre, dit-il, nous élèves de l'Ecole polytechnique, en état de nous défendre en cas d'attaque. » Dezée ne se rendit pas au rendez-vous et rentra à l'école.

Un autre élève, dont le nom est resté inconnu, se présenta le même jour, 27 juillet, à 5 heures du soir, rue des Trois-Bornes, n. 26. Il demanda M. Laurent; et le hasard fit qu'il y avait dans la maison deux individus portant ce nom : l'un, qui est passementier de profession et qui habite le fond de la cour; l'autre, entrepreneur de bâtiments, occupe le corps de logis sur le devant. C'est à celui-ci que s'adressa l'élève : il lui dit qu'il venait attendre ses camarades. Après quelques explications qui démontraient qu'il y avait erreur de la part de l'élève, l'entrepreneur l'engagea à descendre au fond de la cour, chez son homonyme.

Le même jour, de six heures et demie à sept heures du soir, les accusés Latrade, Caylus et Dubois-Fresnay se présentèrent à la même adresse de la rue des Trois-Bornes, et s'adressant à l'entrepreneur Laurent, ils lui dirent aussi qu'ils venaient se réunir chez lui à leurs camarades. Celui-ci les ayant renvoyés au fond de la cour, ils demandèrent en sortant à la portière s'il n'y avait pas dans cette rue un autre Laurent, mécanicien. La portière leur indiqua la rue des Trois-Couronnes, qui n'est séparée de la rue des Trois-Bornes que par la largeur de la rue Saint-Maur; elles les vit se diriger vers cette rue : il pouvait être de six heures et demie à six heures trois quarts.

Les trois accusés se rendirent en effet chez Laurent, rue des Trois-Couronnes, qui les reçut lui-même, au dire de Dubois-Fresnay : ils y étaient depuis plus d'une heure lorsque la police survint, puisque le procès-verbal constate que ce n'est qu'à huit heures que le commissaire se présenta. Dans quelle partie de la maison se tenaient-ils? A quoi étaient-ils occupés? l'état de la chambre, située au deuxième étage, le fourneau encore allumé, le plomb en fusion et les 2,000 balles déjà confectionnées, ne laissent pas d'incertitude à cet égard. Ils restèrent dans cette chambre, où ils fondaient des balles, jusqu'au moment où la fille Langlois, qui sans doute en avait secrètement reçu l'ordre de Laurent, vint les prévenir de la présence de l'autorité. C'est alors seulement que, dans l'impossibilité de sortir, à cause de la force armée qui cernait la maison, ils se réfugièrent sous les toits, où ils se tinrent blottis et cachés jusqu'à deux heures du matin.

Ces faits sont tellement accablants, que les trois accusés Latrade, Caylus et Dubois-Fresnay n'ont pas même essayé de les expliquer. La seule chose qu'ils aient dite, c'est qu'ils étaient allés chez Laurent pour acheter des épaulettes, ce qui est ridicule puisque Laurent est mécanicien, fabricant d'armes, et qu'il n'a jamais fait ni vendu des épaulettes. D'ailleurs, lorsqu'ils allèrent, par erreur, chez Laurent l'entrepreneur, rue des Trois-Bornes, n. 26, ils ne parlèrent pas d'épaulettes; ils dirent seulement qu'ils venaient se réunir à leurs camarades ou les attendre, ce qui annonçait le projet de faire quelque chose en commun. Cet absurde prétexte n'explique pas d'ailleurs le long séjour qu'ils ont fait chez Laurent, leur participation à la fusion des balles dans la chambre du deuxième étage, où la fille Langlois et l'élève Gressier lui-même déclarent les avoir trouvés, et encore moins leur retraite sous les toits; dans un réduit obscur, pendant plusieurs heures. L'habit qu'ils portaient supposait trop de courage pour qu'ils pussent consentir à aller le cacher honteusement s'ils n'en avaient pas déjà compromis l'honneur.

De la déposition de l'élève Dézée, l'accusation a fait sortir un autre grief dont Latrade aura à se défendre. Il en résulte, en effet, qu'après l'avoir mis dans la confidence du complot, il lui a fait la proposition d'y prendre part, ce que Dézée a refusé, puisque, sans aller rue des Trois-Couronnes chez Laurent, il est rentré, comme il le devait, à l'Ecole polytechnique.

L'élève Rouet est dans une position particulière. L'accusation n'a pu savoir si, le 27 juillet ou tout autre jour de ce mois, il avait travaillé chez Laurent à fondre des balles; tout ce qu'elle a découvert, c'est qu'il était à la réunion du café Lemblin, c'est qu'il a promis, comme ses camarades, d'aller chez l'accusé Laurent, c'est qu'il s'y est rendu en effet, et y est arrivé lorsque le commissaire de police avait déjà commencé sa perquisition. On a remarqué que, ne s'étant pas comme les autres adressé rue des Trois-Bornes, il fallait bien qu'il n'arrivât pas pour la première fois dans cette maison. Quoi qu'il en soit, le procès-verbal du commissaire de police constate que l'accusé Rouet n'est arrivé qu'à onze heures et demie du soir rue des Trois-Couronnes; qu'il avait quitté l'uniforme de l'Ecole polytechnique. Son embarras et ses réponses équivoques déterminèrent son arrestation; on le fouilla, et l'on trouva sur lui cet ordre du jour sur le service et la permanence des bataillons, qui donne en quelque sorte le plan de bataille que les conjurés espéraient trouver l'occasion de livrer pendant les trois journées.

L'accusé Rouet essaie d'expliquer sa visite chez l'accusé Laurent à cette heure avancée de la nuit, et la composition de cet étrange écrit saisi sur lui; il dit qu'il s'est trouvé avec les accusés Latrade et Caylus au café Lemblin, et qu'il a appris d'eux qu'ils iraient ce soir même chez Laurent pour acheter des épaulettes, qu'en les quittant, il est allé se promener, et passant sous la galerie Delorme, un inconnu l'a abordé et lui a communiqué un écrit lithographié dans lequel il était question de conseils supérieurs et de bataillons. Cela lui a paru tellement suspect, qu'il a immédiatement cherché à recueillir ses souvenirs et à les diriger. Il venait pour le communiquer à ses camarades afin de les mettre en garde contre les insinuations de la police.

La fable des épaulettes qu'on venait acheter chez un mécanicien a été déjà réduite à sa juste valeur. Celle relative à l'ordre de bataille écrit de la main de l'accusé Rouet, qui lui aurait été communiqué par un inconnu sur la voie publique et qu'il aurait écrit de mémoire, sans doute sur la voie publique aussi, mérite encore moins de faveur, son invraisemblance dispense de toute nouvelle explication.

L'accusé Rouet n'est pas la seule personne qui se soit présentée chez Laurent, pendant les opérations du commissaire de police, l'accusé Sarda y est également venu, ainsi que nous avons eu l'occasion de le dire.

Sarda aperçut en entrant un factionnaire à la porte, il se retourna, fit deux pas pour s'en aller, puis revint et demanda à Eugénie Langlois si elle voulait aller danser au Petit-Tivoli. Ce n'était évidemment qu'un prétexte pour expliquer sa présence chez Laurent à une heure aussi avancée, et cacher l'embarras que lui faisait éprouver l'intervention de la justice. En effet, il a été prouvé par l'information, que le 27 juillet, jour de la fête funéraire, il n'y avait ni bal à Paris, ni à Belleville, ni dans les autres jardins du canton. L'accusation conclut de ce mensonge évident que Sarda, républicain prononcé, membre de la Société des Droits de l'Homme, allait chez Laurent dans un tout autre but. Déjà nous avons eu occasion de rappeler la déposition d'un homme qui l'avait vu fondre des balles dans un coin de l'atelier, et tout concourt à prouver que lorsqu'il arrivait de nuit dans un lieu et dans un moment où les élèves de l'École polytechnique s'occupaient à fondre des balles, il n'accourait que pour les aider à en confectionner une plus grande quantité.

De tout ce qui a été dit à l'occasion de l'accusé Laurent, sont aussi résultées des charges nombreuses contre Eugénie Langlois, sa belle-sœur. Nous les résumerons en peu de mots.

Eugénie Langlois a été vue, dans le courant de la semaine qui a précédé le 27 juillet, occupée à fondre des balles avec un jeune homme dont le signalement s'applique à Sarda. Elle-même a déclaré au commissaire de police Haymonnet, devant l'expert Méro et un inspecteur de police, qu'elle avait été chargée par Laurent d'avertir les élèves de l'École polytechnique occupés à fabriquer des balles, de l'arrivée du commissaire, ce qui a été confirmé par l'élève Gressier; cela prouve qu'elle était au fait de tout ce qui se passait, et qu'elle savait où étaient les élèves et ce qu'ils faisaient. On ne s'écarterait pas probablement de la vérité, en ajoutant que c'est d'elle qu'ils tenaient les bouteilles et les verres qui étaient sur la table, puisque, dans une autre perquisition, on en a trouvé de semblables sur la cheminée de l'autre chambre qu'elle occupait avec sa mère. C'est dans cette même chambre que se trouvaient les soixante-quinze kilog. de poudre et le mandrin destiné à les convertir en cartouches.

Après avoir montré que le plan de la conspiration avait été concerté et arrêté au sein de la Société des Droits de l'Homme et par ses chefs les plus fervents; après avoir dévoilé les ordres du jour et montré avec quel soin les conjurés s'étaient appliqués à se procurer des armes et à confectionner eux-mêmes leurs munitions, il reste à l'accusation, qui déjà a révélé les charges relatives à plusieurs des accusés, à parler des forces réunies des troupes ou des sections dont les chefs attendaient le signal pour le communiquer eux-mêmes aux autres conjurés qu'ils avaient eu soin de laisser en permanence.

En première ligne, il faut citer cette section Lerouge qui avait ordre de se tenir derrière Notre-Dame, soit pour sonner le tocsin et appeler les conspirateurs aux armes, soit pour aller porter le signal dans d'autres quartiers; elle était composée de douze ou quinze personnes, s'était réunie le dimanche 28 juillet de huit heures à onze heures du matin. Elle paraissait avoir des sentinelles avancées, et recevoir des communications qui déterminaient la réunion immédiate des groupes.

Les rapports faits à l'autorité la mirent à même d'arrêter plusieurs individus de cette section, et notamment les accusés Lerouge, Jovart, Chevalier, Cornu, Dubois, Bregand et Jacquemin jeune.

Lerouge avait sur lui dix balles de différents calibres et deux morceaux de plomb. Conduit de suite chez le commissaire Fleuriais, il déclara de son propre mouvement qu'il avait reçu la consigne d'un chef de la Société des Droits de l'Homme dont il fait partie, et que plus tard il a dit être l'accusé Chevé, de stationner derrière Notre-Dame pour y attendre des ordres.

Dans un second interrogatoire à la Préfecture de police, Lerouge a répété les mêmes déclarations et ajouté qu'à neuf heures, le dimanche 28, un chef qu'il ne connaît pas est venu remettre à un des sectionnaires réunis sur la place de l'Archevêché la moitié d'une carte blanche, en disant qu'il faudrait suivre celui qui rapporterait l'autre moitié. L'ordre était qu'au signal donné, les uns monteraient aux tours Notre-Dame pour sonner le tocsin, et les autres exécuteraient les instructions du porteur de la carte.

Dans un troisième interrogataire au petit parquet, à la date du 30 juillet, Lerouge persiste dans ses aveux et ajoute que c'est l'accusé Jovart, sous-commissaire, qui l'a affilié à la Société des Droits de l'Homme ; qu'il lui avait fait une sorte de violence pour l'y faire entrer ; que c'était lui qui l'avait convoqué le 26 pour le dimanche 28, qu'il lui avait remis les balles saisies sur lui, et qu'il en avait distibué autant aux autres.

Le seize août, dans un quatrième interrogatoire, Lerouge confirma tous ses aveux. Il en fit autant dans un cinquième, subi le 30 août, en expliquant qu'il avait été mal compris dans son premier interrogatoire ; que ce n'était pas Chevé qui l'avait convoqué sur la place de l'Archevêché, mais bien Jovart de la part de Chevé, qu'il n'a jamais vu.

Tant de persévérance et d'uniformité ne pouvait s'expliquer que par la conscience de la vérité. Néanmoins Lerouge voit ses co-prévenus à Sainte-Pélagie, et le 2 septembre, dans un sixième interrogatoire, il rétracte tout ce qu'il a dit de leurs menées et explique sa rétractation par la peur et la suggestion d'un agent de police. Mais ce désaveu tardif, nécessairement commandé par sa communication avec les autres accusés, ne peut ni détruire ni même affaiblir les charges que l'arrestation sur la place de l'Archevêché, la saisie des balles sur Lerouge et ses aveux spontanés cinq fois répétés, avaient accumulé sur lui.

Jovart, arrêté le 2 octobre, interrogé et confronté le 3 avec Lerouge, a repoussé comme fausses toutes ses déclarations. Il a nié qu'il fût membre de la Société des Droits de l'Homme, qu'il eût affilié Lerouge ; mais il avoue être allé dans son atelier quelquefois, et un témoin dépose que leurs conversations ne roulaient que sur la Société des Droits de l'Homme.

Les témoignages des officiers de police et les propres déclarations de Chevalier, Cornu, Dubois, Bregand et Jacquemin jeune ; leur qualité de membres de la Société des Droits de l'Homme ; leur présence sur la place de l'Archevêché, qu'aucun d'eux ne peut expliquer ; leurs colloques mystérieux, leur fuite et leur arrestation, viennent corroborer les révélations de Lerouge à leur égard et donner un démenti à des rétractations tardives auxquelles un passage de la lettre de J. J. Vignette, déjà citée, ne permet pas de s'arrêter, puisque l'auteur avoue « que la police était si bien instruite, qu'elle est parvenue à découvrir et arrêter une section. »

Mais si la police n'est parvenue à prendre sur le fait qu'une seule section, il n'en est pas de même des chefs. On se rappelle que le 28 juillet, de onze heures à midi, il y en avait un certain nombre de réunis passage du Caire, chez l'accusé Chavot. Une descente de l'autorité y fit arrêter avec Chavot les accusés Boudin, Chevé, Chuquet, Collet et Levasseur.

On saisit sur Chavot; 1o deux lettres cachetées qui ont été ouvertes dans le cours de l'instruction et qui portent convocation de deux sectionnaires pour le 26 et le 28 juillet. L'écriture n'a pu en être vérifiée parce que Chavot a toujours refusé de fournir une pièce de comparaison, et qu'il n'a voulu signer aucun de ses interrogatoires; 2° Quatre pièces écrites en caractères de convention, que la traduction a prouvé n'être que des listes de fonctionnaires de la Société des Droits de l'Homme, tels que sous-commissaires et quinturions. Le nom de l'accusé Chavot figure plusieurs fois précédé des lettres S. C. qui indiquent un sous-commissaire, qualité que Chavot a lui-même prise en signant le reçu d'une cotisation de 4 fr. 50 c. qui est aux pièces; 3o On a également saisi chez Chavot une autre pièce manuscrite présentant le tableau de l'organisation d'une société secrète dont le nom est figuré par la lettre R.

Sur la table de la chambre où ont été arrêtés les accusés Boudin et Chevé, arrivés les premiers chez Chavot, a été trouvée aussi une liste comprenant plusieurs noms de commissaires, chefs de série, présidents, sous-présidents et sectionnaires.

Dans son premier interrogatoire Chavot a refusé toute explication sur l'objet de la réunion et sur les papiers saisis sur lui et chez lui. Ce n'est que dans l'interrogatoire du 24 août qu'il a dit ignorer que ses co-accusés dussent venir chez lui, et ne pouvoir dire autre chose sur ces papiers, sinon qu'il avait trouvé les premiers dans du papier acheté à la livre, et que les autres avaient été apportés par la police pour le compromettre. Ces réponses embarrassées et insignifiantes ne font que confirmer à son égard les charges que l'accusation tire de cette réunion chez lui des chefs de l'association, un pareil jour, à une pareille heure, et des travaux auxquels ils se livrent, alors qu'ils n'avaient sous les yeux que des listes de fonctionnaires de la même association auxquels ils se disposaient sans doute à transmettre les ordres qu'ils attendaient eux-mêmes d'un comité supérieur et dirigeant.

Dans la liste saisie chez Chavot, Boudin est qualifié de commissaire; le même titre lui est attribué dans les papiers trouvés au domicile et sur la personne de Kersosi. La visite que Boudin avait faite de bonne heure à l'accusé Lacombe, arrêté dès le matin, prouve que ce jour-là Boudin ne s'était mis en mouvement que dans les intérêts de la conjuration à laquelle il était venu travailler encore chez Chavot. Il a cherché à expliquer sa présence au domicile de ce dernier, en disant qu'il était venu prendre des leçons de calcul, mais l'on n'a rien trouvé qui indiquât cette occupation à laquelle l'arrivée des autres membres ne permettait pas de songer. Boudin a également opposé son ignorance de la lecture et de l'écriture à la qualification de commissaire de l'association; mais tout le monde sait que la Société des Droits de l'Homme est peu exigeante sous ce rapport, et qu'elle a plus besoin de bras que d'intelligence; elle se fait d'ailleurs un mérite de ne s'adresser qu'aux véritables prolétaires.

Chevé, comme on l'a vu, est l'auteur du testament daté du 27 juillet. Ce testament, dicté par le fanatisme, ne paraîtrait que l'œuvre d'un illuminé, si les circonstances dans lesquelles il a été écrit et saisi ne révélaient les vœux d'un conjuré qui allait exposer sa vie en s'armant pour la révolte. Nous ne rapporterons pas de nouveau cet acte extraordinaire. En s'en rappelant les termes, on se convaincra que la conjuration était au moment d'éclater, et que les conjurés réunis chez Chavot n'attendaient que le signal pour le transmettre à d'autres et prendre eux-mêmes part à l'action.

Au surplus, Chevé n'a pas nié qu'il fît partie de la Société des Droits de l'Homme, et son affiliation est prouvée, sans son aveu, par les déclarations non retractées de Lerouge, par les papiers de l'accusé Kersosi où il est désigné deux fois comme chef de série, et par le procès-verbal de son arrestation où il est signalé comme ayant fait partie d'une réunion dissoute chez l'accusé Lacombe.

Chuquet, arrêté chez Chavot, avoua qu'il faisait partie de la Société des Droits de l'homme. Il est inscrit deux fois comme chef de série ou de section sur les papiers de l'accusé Kersosi et sur un registre des sections de la Société, saisi chez le nommé Vignerte.

Levasseur est vernisseur. Il venait, dit-il, chez Chavot pour le prier de lui relier un livre qu'il n'avait pas. Le commissaire de police a saisi sur lui un portefeuille dans lequel on a trouvé les noms et les adresses des membres de la Société des Droits de l'Homme et deux pièces manuscrites semblables, quant à la forme et au contenu, à celle qui a été saisie sur Chevé, et présentant comme celle-ci le plan d'organisation d'une société secrète. C'est dans la rue que Levasseur dit avoir trouvé ces pièces, qu'il avait serrées si soigneusement dans son portefeuille, comme Chavot prétend avoir pris les siennes dans des papiers achetés à la livre. De telles explications fortifient l'accusation au lieu de l'affaiblir.

Il nous reste à parler maintenant de quelques accusés qui, n'ayant pas été arrêtés dans les sections ou dans les conciliabules des chefs, n'en ont pas moins pris une part très active dans les projets d'attaque qui devaient éclater à la revue du 28 juillet.

En première ligne se présente l'accusé Boucher-Lemaître, qui avait depuis long-temps excité l'attention de l'autorité pas le double rôle qu'il jouait sur la scène politique. Il était connu pour prêter une coopération secrète mais très active aux intrigues d'un prétendu baron de Richemont, qui exploitait quelques crédulités de sacristies et de châteaux en se faisant passer pour le duc de Normandie; et d'un autre côté il se signalait par l'exaltation de ses principes républicains.

Arrêté le 28 juillet pendant la revue, Boucher-Lemaître fut conduit à son domicile pour assister à la perquisition qui allait s'y faire. Les recherches auxquelles on se livra firent découvrir : 1o plusieurs écrits relatifs au prétendu duc de Normandie; 2o quelques munitions et des armes; 3o les fragments de cette proclamation que nous avons transcrite ci-dessus, destinée à être publiée pendant la revue, pour appeler les Parisiens à la révolte. Ces fragments étaient dans un chapeau appartenant à l'accusé.

Boucher-Lemaître n'a pu expliquer comment ils s'étaient trouvés dans son chapeau. Tout ce que l'instruction a pu recueillir, c'est que la proclamation était écrite de la main de l'accusé Parfait, qui était venu chez Boucher-Lemaître le dimanche matin 28 juillet, avec la proclamation non déchirée. L'événement et le dépit de n'avoir pu exciter des troubles expliqueraient la lacération après la revue. Mais quelle que soit l'ignorance dans laquelle nous laisse l'information à cet égard, le contenu de la proclamation n'en prouve pas moins l'existence d'un concert entre les deux accusés pour préparer la proclamation dans l'attente du signal de l'insurrection qu'ils auraient tout fait pour amener.

Ce qui précède explique l'accusation vis-à-vis de Parfait, qui ne nie pas ses opinions révolutionnaires, mais qui prétend ne conspirer que par ses écrits, comme si cette manière était moins dangereuse et moins coupable qu'une autre. Il avoue qu'il faisait partie de la Société des Droits de l'Homme, et il se vante d'avoir suivi la revue en criant : *A bas les fort!* ce que l'accusation regarde comme un des moyens de faire naître les troubles dont les conjurés avaient formé le projet de profiter. Dans cette situation, la composition de la proclamation qui s'est trouvée déchirée chez Boucher-Lemaître acquiert un grand caractère de gravité : elle prouve à elle seule le complot et l'attente du signal sur lequel comptaient les conjurés pour commencer l'attaque.

Les accusés Vangarner et Bonjour dit Olivier, tous deux membres de la Société des Droits de l'Homme, se sont aussi préparés, dans la soirée du 27 juillet, à l'insurrection préméditée pour le lendemain.

Vangarner, chef de section, est allé chercher Lefort et l'a conduit dans la rue d'Aval, chez Bonjour. En route, il l'a invité à acheter du plomb; sur son refus, il en a acheté lui-même une livre chez un ferrailleur. Arrivé chez Bonjour, celui-ci et Vangarner ont employé Lefort à percer dans un morceau de chêne des trous qui devaient servir et qui ont servi, en sa présence, à fondre des balles: ces balles, dirent-ils à Lefort, qui en a déposé, devaient être employées le lendemain, 28 juillet, en cas de bruit, et être distribuées le matin par Vangarner, à une réunion qui devait avoir lieu chez lui. Lefort a indiqué les noms de plusieurs individus qui devaient s'y rendre, entre autres celui de Boudin. Or il est à remarquer que les noms cités par Lefort se trouvent portés sur la liste saisie au domicile de Chavot.

Lefort a quitté les accusés Vangarner et Bonjour à huit heures du soir; ils avaient déjà vingt-deux balles de fondues. A onze heures et demie, il avait fait sa déclaration au commissaire de police : ce qui l'a exposé depuis à des violences qu'il impute aux amis des accusés.

Le nom de Lacombe se trouve dans les papiers saisis chez Kersosi : il est ou chef de série ou commissaire de la Société des Droits de l'Homme; il a tenu chez lui des réunions de sections où se trouvait l'accusé Chevé. Le commissaire de police Blavier a dissous l'une de ces réunions quelques semaines avant l'anniversaire des journées de juillet.

Le 28 au matin, une perquisition a été faite à son domicile, où il a été saisi de la poudre, des balles et quatre dés à coudre dans lesquels les balles avaient été coulées. On a trouvé dans le foyer un fourneau de terre, un lingot de plomb et des instruments propres à la fusion de ce métal. Sous les balles s'est trouvé l'écrit attribué à l'accusé Raspail et rapporté précédemment ; cet écrit, plié en forme de lettre, portait cette suscription : « Monsieur Girou, rue Saint-Denis, 66, Paris. »

Lacombe, interrogé immédiatement, a déclaré qu'il avait coulé ces balles la veille au soir, ayant cru prudent de se munir de poudre et de balles « pour le cas ou la garde nationale serait attaquée comme en juin. » Ces derniers mots indiquent la source du système de défense adopté par les conjurés : ils vont soutenir, comme pour les troubles des 5 et 6 juin, que c'était pour la défense de la garde nationale qu'ils voulaient prendre les armes ; mais, comme au 6 juin, il sera démontré que cette milice citoyenne n'était attaquée que par eux, et que pour se défendre elle n'avait qu'à se montrer.

Quoi qu'il en soit, les autres interrogatoires de Lacombe prouvent ses anciennes relations avec les chefs de la Société des Droits de l'Homme ou ses membres les plus influents, notamment avec Kersosi, Raspail et Girou, auquel, par son entremise, est adressé l'écrit de Raspail. Il n'en faut pas davantage pour reconnaître la coopérarion de Lacombe au complot qui devait éclater le 28 juillet.

Outre les rapports de Girou avec Lacombe, l'accusation invoque plusieurs autres faits à sa charge. On sait déjà qu'il avait été arrêté au moment où il se rendait chez Chavot, passage du Caire, et que s'il ne figure pas à côté des sociétaires qui faisaient partie de la réunion, c'est parce qu'il parvint à s'échapper des mains des agents de la force publique.

Il a expliqué cette visite chez Chavot, en disant qu'il venait lui offrir du vin à acheter ; mais cette excuse est ridicule : elle ressemble à celle de ce co-accusé qui venait prendre des leçons de calcul, et de cet autre qui voulait faire relier un livre qu'il n'avait pas.

Les relations de Girou, son intimité avec les principaux conjurés, sa position dans la Société des Droits de l'Homme, où il avait un grade supérieur, ses antécédents qui le montrent lié à toutes les affaires politiques par lesquelles on cherche depuis trois ans à embarrasser le pouvoir, tout concourt à aggraver les charges que l'accusation fait peser sur Girou.

En conséquence, François-Vincent Raspail, Théophile Kersosi, Jean-Baptiste Laurent, Eugénie Langlois, Joseph-Napoléon Sarda, Jean-Lucien Rouet, Louis Latrade, Ernest Caylus, Joseph Dubois-Fresnay, Jean-Etienne-Marie Lerouge, Athanase Jovart, Jean-Philippe Chevalier, Charles Cornu, Alfred Dubois, Hippolyte-Antoine Jacquemin jeune, Charles Bregand, Gabriel Chavot, Lazare Boudin, Charles Chevé, Jean-Jacques Chuquet, Eugène Levasseur, Jean-Louis Isidore Girou, Pierre-Joseph-Daniel Lacombe, Michel Vangarner, Alexandre-Jérôme Bonjour dit Olivier, Sylvestre Boucher-Lemaître et Noël Parfait,

Sont accusés d'avoir, en 1833, participé à un complot ayant pour but, soit de détruire, soit de changer le gouvernement, soit d'exciter les citoyens ou habitants à s'armer contre l'autorité royale, soit d'exciter la guerre civile en armant ou en portant les citoyens à s'armer les uns contre les autres ; lequel complot a été suivi d'actes commis ou commencés pour en préparer l'exécution ; crimes prévus par les articles 87, 89 et 91 du code pénal.

Louis Latrade est prévenu d'avoir, en 1833, fait à Dézée une proposition nonagréée de participer au complot ci-dessus spécifié, délit prévu par les mêmes articles et connexe avec le crime ci-dessus énoncé.

Fait au parquet de la cour royale de Paris, le 22 novembre 1833.

Signé C. PERSIL.

DÉBATS.

Après la lecture de l'acte d'accusation qui dure près d'une heure et demie, l'avocat général présente de nouveau l'exposé des faits généraux de la cause.

On fait retirer les témoins; ils sont au nombre d'environ cent cinquante dont cent trois à charge.

Le président procède à l'interrogatoire des accusés.

Le président. — Accusé *Kersosi*, étiez-vous membre de la Société des Droits de l'Homme? — R. Je ne répondrai pas à cette question.

D. Accusé, répondez. — R. Non, je n'ai pas à répondre à cette question... on m'a traité de carliste... ce sont d'infâmes calomnies. Je suis républicain de cœur et de conviction.

Le président l'interrompant. — Encore une fois, étiez-vous membre de la Société des Droits de l'Homme? — R. Je répondrai aux témoins et aux actes qui me seront opposés, c'est tout ce qu'on peut demander de moi.

M. le président. — Puisque tel est votre système, asseyez-vous.

Le président interroge ensuite l'accusé *Raspail* sur la Société des Droits de l'Homme, et sur sa participation au complot.

Raspail. — Je me renferme dans le système que j'ai adopté, de ne plus répondre aux juges d'instruction; permettez-moi de vous expliquer mes motifs.

Le président. — Répondez aux questions que je vous adresse.

Raspail. — Il est cruel, quand on défend sa tête, d'être régenté par un président; quand un accusé se présente sur ce banc, il y a une sorte de religion qui ordonne de l'entendre dans tous ses raisonnements. Si on m'interrompt à chaque instant, je me tairai... prenez ma tête! je ne le défendrai pas. — Le président. Il ne s'agit pas de prendre votre tête : l'accusation ne la compromet pas.

Raspail. — Nous sommes accusés d'un complot, la déportation est au nombre des peines... la déportation pour nous est pire que la mort (Mouvement). Je n'ai pas répondu, je ne réponds pas, je ne répondrai pas, messieurs, non pas que je craigne de me compromettre, mais parce que je n'ai rien à répondre : libre à un procureur-général de faire un roman, mais libre à moi de refuser de lui fournir des pages. Cette accusation est une calomnie; c'est un moyen pour épouvanter la France, c'est l'ignoble police tout entière qu'il fallait traduire devant vous; elle devrait être ici à notre place.

Tous les accusés, se renfermant dans ce système de défense, repondent non, ou je le nie, à toutes les questions qu'on leur adresse.

Après que l'interrogatoire est fini, M. le président fait passer à l'accusé Raspail des pièces saisies lors de la dissolution de la société.

Raspail. — La Société est-elle en cause? est-ce d'elle ou du complot qu'il s'agit? Je ne répondrai pas, je ne veux pas faire le métier d'accusateur.

Kersosi fait la même réponse.

On passe à l'interrogatoire des témoins. Le témoin *Roullier*, dans sa déposition, donne des détails sur l'organisation de la Société.

Raspail. — Mais le témoin, qui se qualifie commis-marchand de vins, n'a-t-il pas une autre qualité? — R. Je suis préposé aux poids dans les marchés.

— D. N'est-ce pas une place que donne le préfet de police? — R. (Avec embarras.) C'est à dire que c'est bien M. le préfet de police qui m'a nommé; cependant il faut faire une distinction.

Raspail. — La distinction est inutile et votre réponse suffit. Depuis quand avez-vous la place? — R. Depuis onze à douze mois.

Raspail. — En voilà treize que vous avez quitté la société; les dates se rapportent bien! (sensation.)

Audience du 12 décembre.

L'affluence est encore plus considérable que la veille, le palais est rempli de sergents de ville et de gardes municipaux.

L'avocat-général prend la parole pour établir que c'est au sein de la Société des Droits de l'Homme que s'est formé le complot; selon lui les accusés ne sont pas appelés devant la cour d'assises comme l'ayant formé seuls, mais pour la participation qu'ils y ont prises.

Le président. — Les accusés ont-ils quelque chose à répondre?

Raspail. — Oui, Quel système veut-on faire prévaloir ici; c'est la Société qui a formé le complot, dit-on, pourquoi son comité n'est-il pas en cause? Ce sont des jeunes gens obscurs qu'on veut frapper, parce qu'on n'ose pas atteindre plus haut, parce qu'il y a à la tête de la société des noms chers à la France, des Voyer d'Argenson, Audry-Puiraveau, Cavaignac... Mais ce sont des ouvriers qu'on poursuit. Qu'importe! nous nous tirerons d'ici avec gloire, nous rentrerons dans nos rangs, et nous laisserons l'odieux de cette affaire à nos accusateurs.

Le président. — Vous anticipez sur votre défense. — Raspail. Je trouve extraordinaire que vous demandiez si je n'ai rien à repondre, et que vous m'enleviez la parole!

Le président. — Je connais les devoirs d'un président. — R. Et moi ceux d'un accusé (mouvement, approbation aux bancs des accusés et dans l'auditoire).

Le président. — Les autres accusés ne s'associent peut-être pas à vos paroles. — Les accusés. — Tous, tous.

Me *Michel* prend la parole, et démontre en droit qu'on ne peut procéder contre une société qui n'est pas en cause et qui n'est pas même attaquée.

M. Vignerte, témoin, reconnaît une liasse de papiers saisis à son domicile. Il explique comment deux comités différents ont existé dans la Société. Ce fait, dit-il, a été occasioné par suite de l'adjonction des sections formées par la Société des Amis du Peuple à celle de la Société des Droits de l'Homme.

Un incident s'élève à l'occasion d'une question du président, qui demande au témoin Rigaud si l'on recevait des *domestiques* dans la Société des Droits de l'Homme.

Le témoin refuse de répondre.

Me *Dupont* déclare qu'il s'oppose formellement à la direction qu'on donne aux débats, en les compliquant de faits entièrement étrangers au complot et de documents qui n'y ont aucun rapport. Quelle question pose-t-on? celle de savoir s'il y a des *domestiques* dans la société, qu'importe! la société reconnaît que tous les hommes, quelles que soient leurs positions, peuvent rendre des services au pays. Dans l'antiquité on a vu des esclaves plus vertueux que leurs maîtres.

Raspail. — La société reçoit tout le monde dans son sein, excepté les mouchards.

Le témoin *Petit-Jean* est introduit. Après quelques questions du président sur la Société des Droits de l'Homme, Me Dupont lui adresse cette question : Et le poignard dont il a été parlé hier, je voudrais avoir quelques explications de Petit-Jean.

Petit-Jean — Il n'a jamais été question ni de serment ni de poignard ; une fois seulement on a voulu jouer cette ridicule comédie chez moi; c'étaient des hommes que nous avions considérés comme des agents provocateurs ou agents de police.

D.—Quels sont ces hommes?—R. C'étaient *Brivois* et *Rouiller*, qu'on a entendus hier. (Mouvement.) Ils tirèrent un petit poignard de leur poche: je pourrais dire mieux que cela... J'avais sur ma cheminée deux bustes, celui de Louis-Philippe et celui de Lafayette... ils m'avaient été donnés en paiement de douze cents francs. Roullier s'approcha du buste de Louis-Philippe, agitant son poignard : Brigand, dit-il, tu ne périras que de ma main.

On rappelle Roullier, il est troublé et nie en balbutiant les faits énoncés par Petit-Jean.

Rouillier, dit l'accusé Parfait, a été chassé de la société pour avoir voulu faire prêter serment sur un poignard. (Mouvement.)

Rouillier. — C'est une infamie, c'est faux!

Raspail. — Ah! de grâce, M. le président, c'est assez nous occuper de cet être là!

Le témoin Rousseau est entendu et déclare qu'il existait deux comités dans la société.

Le président donne ensuite lecture d'une *proclamation* saisie chez madame Cochet. L'accusé Raspail reconnaît qu'il en est l'auteur. Cette pièce est imprimée.

Le président à Raspail. — Reconnaissez-vous un écrit imprimé ayant pour titre : *Organisation de l'armée suivant les principes républicains.*

Silence au banc des accusés.

Pagnerre, éditeur, témoin interrogé sur cet écrit, reconnaît qu'il a été saisi à son domicile; il ajoute que c'est lui qui l'a fait imprimer, que les accusés sont complètement étrangers à sa publication, et qu'il en assume sur lui toute la responsabilité.

Le président — Nous allons passer aux faits relatifs au *comité d'action* mentionné dans l'acte d'accusation. (De toutes parts, Ah!)

D. Kersosi, vous présidiez une société, rue Vivienne, n. 2 *bis*, sous le faux nom de Théo; pourquoi avez-vous changé de nom? — R. Pour échapper à la police qui me poursuivait.

D. On a saisi chez-vous, dans une armoire, une pièce ainsi conçue :

« Art. 1er. Toute discussion personnelle est interdite à l'un ou à l'autre comité.

« 2. Les deux sociétés sont unies de fait, l'élection d'un comité unique est ajournée au 1er août 1833.

« 3. Les deux comités désigneront chacun de leur côté deux membres pris dans leur sein pour, *en cas d'événement*, former *le comité d'action*; les chefs de série nommeront, chacun de leur côté, dans l'une et l'autre société, un membre pris dans leur sein, qu'ils adjoindront aux quatre membres du comité d'action, qui dès lors se trouvera composé de six membres représentant les deux sociétés.

« 4. Ce comité sera nommé dans le délai de quatre jours à partir de ce jour, 21 juillet 1833. Chaque comité sera tenu d'en donner respectivement connaissance aux chefs de série des deux sociétés, aussitôt *le comité extraordinaire* établi. »

D. Qu'avez-vous à dire sur ce comité d'action? R. Ce que l'accusation ne dit pas, c'est que l'original de cette pièce porte en tête : *Il a été fait la motion suivante*. Le procureur-général a jugé à propos de retrancher ces mots, qui prouvent que le comité d'action n'était qu'un projet, et qu'il est encore à trouver.

Le président, feuilletant le dossier. — Oui, ces mots ont été ajoutés au crayon. (Bruit; exclamation au banc des avocats : Ah! ah! quelle iniquité!)

Audience du 13.

Raspail. — Les débats doivent être publics; cependant nos parents et nos amis ne peuvent entrer ici; les mouchards remplissent la salle, il n'y a pas de publicité.

Le président. — J'ai donné l'ordre d'admettre les parents des accusés.

Raspail. — C'est possible; mais la salle est pleine de mouchards; je vous les désignerai bien; faites fouiller les poches, et vous trouverez les cartes.

Le président présente plusieurs pièces à Kersosi. — Reconnaissez-vous ces pièces?

Kersosi. — Je ne répondrai qu'aux témoins.

L'avocat Dupont. — Vous n'avez pas le droit d'interroger de la sorte.

Le président. — Nous connaissons nos droits.

L'avocat Dupont. — Eh bien! moi, défenseur de Kersosi, je lui conseille de ne pas répondre hors la présence des témoins.

Le président. — Vous en prenez la responsabilité?

Me Dupont. — Oui, sans doute..... Les pièces sont *falsifiées* dans l'acte d'accusation.

L'avocat Pinard — Oui l'acte d'accusation est l'œuvre d'un *faussaire*.

Le président. — D'un faussaire!... Greffier, retenez cette expression...

L'avocat-général. Nous requérons qu'il soit constaté que le défenseur a traité de faussaire le rédacteur de l'acte d'accusation.

Me Pinard. — Je ne rétracte rien: la vérité de mon assertion a été constatée à l'audience d'hier.

Raspail. — M. Pinard m'a été nommé d'office par M. le président. Je porte malheur à mes défenseurs; mon premier avocat a été condamné a deux ans de suspension pour avoir douté de l'impartialité de la cour.

La cour ordonne que l'expression de *faussaire* sera mentionnée au procès-verbal.

L'avocat Michel. — Qu'on inscrive aussi mon nom.

Tous les accusés. — Oui, oui, c'est un faussaire!

L'avocat Bethmont. — Qu'on inscrive aussi le mien.

Tous les défenseurs. — Et les nôtres.

Alors l'avocat-général reconnaît la falsification matérielle, mais s'attache à l'excuser en prouvant qu'elle n'a pas été faite de *mauvaise foi*.

L'avocat Dupont. — Mais un projet a été transformé en une décision pour être opposée à Kersosi, comment prouverez-vous la bonne foi?

Me Pinard. — Le mot dont je me suis servi peut être sévère, mais il est juste.

Me Michel. — L'altération qui pourrait n'être qu'une erreur de la part d'un particulier, est un faux de la part d'un fonctionnaire public.

Raspail. — Pour en finir, disons que ce n'est pas l'avocat-général, mais M. Persil qui a fait le faux.

La cour ajourne sa décision sur ce singulier incident.

Le président. — Kersosi, reconnaissez-vous cette pièce saisie chez vous? — R. C'est la police qui l'a mise; elle a fait sa saisie sans mandat et en mon absence. D'ailleurs je ne répondrai que devant les témoins.

Le président. — Votre parapluie contenait un poignard. — R. Tout le monde en porte. C'était pour mettre le complot à couvert.

Le président. — C'est une arme qui n'est pas française.

Kersosi. — Ce qui n'est pas français, c'est d'avoir peur d'un parapluie à poignard.

Me Dupont. — Je demande qu'il soit constaté que l'agent qui a arrêté Kersosi n'avait aucun mandat.

La cour refuse; mais le fait résulte des débats.

On entend plusieurs agents de police sur l'arrestation de Kersosi; puis les débats s'ouvrent de nouveau sur le prétendu plan d'organisation du comité d'action que la défense soutient n'être qu'une *motion*, et que l'accusation prétend être un *projet arrêté*. Puis M. Heymonnet, commissaire de police, est entendu et donne de longues explications sur les arrestations faites le 27 juillet chez M. Perardel, des accusés Lastrade, Caylus, Dubois-Fresnay et Sarda.

Audience du 14.

Après un incident relatif à un témoin à charge dont la moralité paraît au moins suspecte aux accusés, le président interroge les élèves de l'École polytechnique.

Le président à Rouet : Pourquoi alliez-vous chez Laurent? — R. J'y allais pour prévenir nos camarades que je croyais compromis, sachant que la police surveillait la maison.

D. Il est étrange d'aller si loin à onze heures du soir; vous connaissiez donc le motif? — Je ne répondrai pas à cette question; je renonce à me disculper, s'il faut accuser.

Le président à Latrade : Comment connaissez-vous Laurent et son adresse. — R. Le matin au café Hollandais un de mes camarades me dit qu'on ferait des balles chez Laurent, parce qu'on s'attendait à une collision dans la garde nationale.

D. Voulez-vous nommer ce camarade? — Latrade, avec dignité : M. le président, si j'étais à votre place et que vous fussiez à la mienne, je ne vous ferais pas une semblable question.

On entend encore un grand nombre de témoins, parmi lesquels plusieurs agens de police, sur ce qui s'est passé dans la maison Laurent, où les élèves de l'Ecole polytechnique ont été arrêtés. Il résulte de l'une des dépositions que le fameux fuseau qui, d'après l'accusation, a dû servir à faire des cartouches, n'est autre chose qu'une bobine à filer la laine.

Audience du 15.

L'audition des témoins à charge continue. On entend le sieur Bonnefoi, ouvrier de Laurent Laforest, filateur de coton; Caussade, chef d'escadron d'artillerie; de Rousseau, Léon, madame René. Ces dépositions ont rapport aux fusils trouvés chez Pérardel et à l'accusé Sarda; elles ne présentent qu'un faible intérêt.

Le témoin Dezé, élève de l'Ecole polytechnique, est introduit. Je n'ai connu aucun complot. Le 27, dans la matinée, nous étions allés au tombeau de Vanneau, élève de l'école, tué dans l'une des trois journées. Le soir, à six ou sept heures, j'ai rencontré mes camarades au café Lemblin. On parlait de l'*agitation* de Paris, de la possibilité d'une collision, et de la nécessité de se défendre. On parla d'une maison où l'on préparait des munitions et où l'on pouvait avoir des renseignements sur la véritable situation des choses; on s'entretenait de tout cela sans en faire aucun mystère. L'un de mes camarades, écrivit l'adresse de cette maison sur mon porte feuille, et j'y serais allé si j'avais eu le permission de découcher.

Le président. — N'avez-vous pas dit qu'on faisait des cartouches pour éviter une collision et une attaque? — R. J'ai parlé de munitions, et j'ai ajouté qu'aucun élève n'était disposé à des actes aggressifs; mais que, s'il y avait une collision générale, nous n'aurions guère pu, comme élève de l'école, nous dispenser d'y prendre part.

Les témoins Greissier, élève de l'école, et Channal officier d'artillerie, déposent que Latrade et Caylus leur ont donné rendez-vous chez Laurent, pour de là aller à la *Gaîté*.

Audience du 16.

Me Bethmont, après quelques dépositions relatives aux élèves de l'Ecole, demande au président s'il a l'intention de faire entendre actuellement les témoins à décharge.

Le président. — Oui, c'est dans l'intérêt de la vérité.

Raspail. — Cependant cela nous a été refusé; après la déposition des témoins à charge; vous avez *escamoté* la déposition de nos témoins à décharge.

Kersosi. — Quand un témoin à charge nous est favorable on ne l'entend pas.

Le président. — Lerouge, quel motif vous a conduit, le 28 juillet, place de l'Archevêché? — R. Le hasard : j'y suis resté un quart d'heure.

D. Vous n'étiez pas seul? — R. Je jouais au bouchon avec trois ou quatre personnes; je prends ma pièce, j'abats le bouchon : J'ai gagné, que je dis : Non, me dit un sergent de ville, vous avez perdu. Comment, j'ai perdu! j'ai gagné quatre sous. Je m'en allais, ils se jettent sur moi comme des bêtes féroces, me traitent de conspirateur. Comment conspirateur, que je leur dis en pleurant, je jouais au bouchon! On me reconduisait, quand l'agent de police me dit : « Dites que vous avez conspiré; voyez-vous, un agent de police est comme un soldat, qui ne demande que de l'avancement. »

D. Nous n'êtes donc pas des Droits de l'Homme? — non.

D. Reconnaîtriez-vous l'agent de police? — Certainement que je le reconnaîtrais bien, un grand, brun, grêlé; oh! que oui, je le reconnaîtrais bien.

D. Mais c'est vous qui avez demandé M. Jennesson? — R. Certainement, c'est moi; c'était convenu avec l'agent de police, sans ça il n'y aurait pas eu de complot.

D. Pourquoi avez-vous donné tant de détails à M. Perrot? — R. Parce que j'espérais sortir: quand j'ai vu que la police me mettait dedans, je me suis rétracté.

D. Dans tous vos interrogatoires, le 16 et le 30 août, vous donniez toujours de nouveaux détails : comment persistiez-vous dans le mensonge, puisqu'on ne vous mettait pas en liberté? — R. J'avais hâte de sortir, j'aurais nommé mon père pour en finir avec la justice.

L'avocat-général donne lecture de deux lettres écrites par Lerouge : il résulte du débat qui a lieu à ce sujet que ces lettres ont été décachetées et envoyées par la police au procureur-général. Les avocats attaquent énergiquement et flétrissent cette violation du secret des lettres.

On interroge Chevalier. Cet accusé raconte avec vivacité, et d'une manière très pittoresque, les détails de son arrestation; il termine en s'écriant : « C'est infâme, nous subissons six mois de détention pour avoir été arrêtés sur le pont d'Arcole! et c'est ainsi que le gouvernement veut se faire des partisans! »

La fin de cette audience est consacrée à l'interrogaroire de Dubois, Cornu, Brégan et Jacquemin, arrêtés comme faisant partie de la section qui devait, sous la direction de Lerouge, s'emparer des tours Notre-Dame. Tous répondent avec beaucoup de sang-froid.

On entend encore sept à huit témoins parmi lesquels on distingue la déposition d'un sieur Hénon, maître boucher, ancien agent de police. En le voyant Lerouge s'écrie: Ah! vous voilà, vous! je vous reconnais, gros rougeot, vous avez fait de la belle ouvrage. C'est vous qui m'avez tendu des piéges. Après cette apostrophe qui égaie l'auditoire, le témoin rend compte des circonstances de l'arrestation de Lerouge.

Audience du 17.

Le sieur Fleuriet, commissaire de police, est introduit.

Le président.—Reconnaissez-vous Brégard?—R. Mes souvenirs ne me le rappellent pas.

Brégard.—Et de dix! aucun ne me reconnaît, et j'ai fait cinq mois de prévention!

Le témoin Ch. Campion, âgé de dix ans, dépose des faits relatifs à Lerouge.

Me Moulin.—Je signale une des nombreuses inexactitudes de l'acte d'accusation. Il n'a pas suffi au rédacteur d'altérer les pièces (mouvement), il a mutilé les dépositions des témoins, et leur fait dire ce qu'ils n'ont pas dit. Vous venez d'entendre le témoin déclarer que Jovart et Lerouge parlaient spectacle et quelquefois de la société; l'acte d'accusation dit : S'il faut en croire le témoin, et ce témoin est le jeune Campion, leur conversation *n'avait roulé que sur la Société des droits de l'Homme*. Voilà ce que dit l'accusateur! jugez de sa sincérité!

Armenant, compagnon de Lerouge chez madame Campion, ne sait rien des faits de la cause; il a vu Jovart une fois.

D. Que savez-vous sur les balles? — Je sais qu'il y a eu un échange entre le petit Campion et Lerouge relativement à des balles, pour lesquelles Lerouge aurait donné des pièces de théâtre.

Me Dupont. — Je désirerais faire une question qui pourrait expliquer le goût de Lerouge pour le théâtre; n'est-ce pas lui qui faisait Napoléon sur les petits théâtres?

Lerouge, se redressant. — Oui, sans doute; c'est moi qui, sur les théâtres bourgeois, ai toujours fait l'empereur, et, je puis le dire, avec quelque succès. (Eclats de rire dans toute la salle.)

Le commissaire de police Flavier, qui a fait l'arrestation de Chavot et de ses co-accusés, déclare reconnaître Boudin.

Boudin. — Oui, vous me paraissez même plus aimable que ce jour-là. (Rires.)

Le président, à Chavot. — Avez-vous quelque chose à dire? — R. Oui, monsieur; le mandat d'amener portait : Attendu que Kersosi conspire, nous arrêtons Chavot. C'est au moins une drôle de manière d'agir.

Boudin. — Moi-z-à-mon tour, président! le commissaire était dans un état à ne pas se connaître lui-même ; il écumait, il voulait me terrasser, lui; je le regardai d'un air tranquille, avec mépris.

D. A quoi s'occupaient les deux individus qu'on a rencontrés chez Chavot?

Blavier. — Ils ne faisaient rien.

Chevé. — Encore une falsification de l'acte d'accusation! on nous signale comme nous livrant à des travaux de section!

Chuquet. — M. le commissaire n'a pas expliqué comment il nous a arrêtés en vertu d'un mandat lancé contre Kersosi.

Le président. Le témoin n'a pas à répondre à cela?

Kersosi.—Pour la vingtième fois nous demandons que M. le préfet de police soit appelé en vertu de votre pouvoir discrétionnaire.

Après une altercation assez vive, Raspail parvient enfin à lire une lettre, dans laquelle Me Ledru annonce de Saint-Quentin que le pouvoir a fait distribuer gratis au cabinet de lecture de la ville l'acte d'accusation, in-8. Une semblable distribution a eu lieu sur tous les points de la France.

D. Parfait, êtes-vous de la Société des Droits de l'Homme. — R. J'en professe tous les principes. J'en ai même été membre, mais je n'en fais plus partie depuis quelque temps.

Me Dupont. — Encore un mensonge flagrant de l'acte d'accusation! Vous venez d'entendre Parfait! l'instruction n'a pas, à cet égard, fourni d'autres preuves; comme il fallait rattacher Parfait à la Société, qui est le pivot sur lequel tout roule, on dit qu'il faisait partie de la Société.

L'avocat-général. — Faisait partie, c'est à dire avait fait partie.

Me Moulin. — Voilà qui peut dissiper tous les doutes, et donner la mesure de la bonne foi de l'accusation. On dit : La Société avait des orateurs, et on cite Parfait en preuve, et voilà que Parfait n'est même pas membre de cette société!

L'avocat-général : Je n'insiste pas.

On entend encore plusieurs témoins et l'audience est remise au lendemain matin pour l'audition des témoins à décharge. Du reste, à l'exception des agens de la police (très nombreux il est vrai), on pourrait fort bien considérer comme témoins à décharge tous ceux que l'accusation a fait appeler.

Audience du 18.

Le président présente à Raspail une lettre qui porte pour suscription : à Girou, chez Lacombe. — Accusé Raspail reconnaissez-vous cettre lettre. — R. Mon interrogatoire recommence-t-il? Cette manière de diriger les débats est aussi fatigante pour MM. les jurés et pour nous que nuisible à la défense. Comment voulez-vous que le jury puisse s'y reconnaître, si sur un même fait, vous séparez par quatre jours d'intervalle les charges de l'accusation des moyens de la défense?

On rapelle Vatinel.

D. Lerouge ne s'est-il pas trouvé mal après avoir un jour tiré un coup de fusil, avec votre fusil que vous lui aviez prêté? — R. Oui, monsieur, à peu près; il s'est donné un coup sur le nez et a saigné; ce n'est pas un fameux conspirateur. (Hilarité générale, à la quelle Lerouge personnellement prend une très grande part : il rit aux éclats.)

Armand Marrast est introduit.

D. Reconnaissez-vous cet article, publié dans *la Tribune*? — R. Je suis ordinairement le seul auteur responsable de tous les articles de *la Tribune*; je dois dire, cependant, que cet article a été fait après une causerie avec Raspail.

D. A quel comité vouliez-vous faire allusion? — A aucun; ce sont des querelles de famille qui n'agitaient que la surface, et dont nos ennemis ont bien voulu tirer un grand avantage.

Kersosi. — L'accusation a eu l'infamie de faire entendre que j'avais joué un rôle dans la conspiration des Prouvaires.....

Le président. — Soyez plus modéré.

Kersosi. — Infamie! c'est le mot.

L'avocat-général. — On a seulement dit que vous aviez été trouvé avec deux pistolets chargés.

Me Dupont. — On a dit davantage.

Raspail. — Ecoutez la phrase citée textuellement :

« Dans toutes les entreprises criminelles qui ont eu lieu depuis la révolution de juillet, n'importe leur couleur, *le capitaine Kersosi a toujours eu un rôle.* »

Est-ce là une calomnie bien avérée de l'accusateur, et qu'on n'oserait même pas soutenir à l'audience?

Marrast. — Ce sont des insinuations malveillantes, lancées tout à la fois d'en bas et d'en haut, et qui ne pouvaient pas atteindre Kersosi; le pouvoir en a été pour ses frais de calomnie.

Marrast donne ensuite des détails très circonstanciés sur l'emploi du temps de Kersosi qu'il n'a presque pas quitté pendant la journée du 28, et chez lequel rien n'annonçait tous les projets de conspiration qu'on lui a prêtés.

Sur la demande de Raspail, on appelle M. Rittiez, avocat, qui dépose en ces termes : Un jour j'étais allé demander à M. Perrot, juge d'instruction, une permission pour voir nos amis détenus. Je trouvai là un magistrat appartenant au petit parquet qui s'entretenait avec le juge d'instruction, celui-ci s'étonnait de l'importance que l'on attachait à la Société des Droits de l'Homme; l'autre, au contraire, stimulait sa tiédeur : Ce sont des gens très dangereux, ils sont en conspiration permanente. Nous devons les poursuivre sans relâche jusqu'à ce que l'armée et la garde nationale en aient fait justice. (Mouvement.) Mais il faut que nous ayons les preuves écrites : M. Gisquet lui-même ne poursuit pas assez vivement.

Beslay fils, membre de la chambre des députés. — Je connais M. Kersosi depuis long-temps. Il est mon camarade de collége et mon ami; sa conduite lors des événements de juillet a été très patriotique, mais je sais qu'il est en butte à la haine d'ennemis puissants.

Godefroi Cavaignac. — Il y a eu erreur dans l'acte d'accusation lorsqu'il a parlé des divisions profondes qui existent dans la Société des Droits de l'Homme.

Deux directions avaient été données, l'une venant des anciens Amis du Peuple, et l'autre de la nouvelle Société. Comme j'appartenais aux deux, je m'entremis pour opérer une réunion.

Le tentatives à cet effet, que l'accusation indique seulement à juillet 1833, remontent à 1832, et la fusion n'eut pas lieu à cette époque, comme elle le dit, mais bien à la fin de septembre, sous l'influence des sections qui manifestèrent très énergiquement leur désir de voir cesser toutes les divisions.

Me Dupont. — Je prie M. Cavaignac de s'expliquer sur les poignards. — R. C'est un conte absurde qui ne mérite pas d'autre réponse.

Cavaignac. — On a dit que la société était composée de fainéants : eh bien!

les ouvriers qui la composent sont tous occupés, et l'heure de la réunion des sections indique assez la vie laborieuse des sociétaires.

M. A. Carrel. — J'ai vu M. Raspail au *National* dans la journée du 28 juillet depuis une heure jusqu'à cinq; nous avons causé des événements du jour, et je puis dire que rien n'annonçait chez lui les intentions qu'on lui prête.

On entend ensuite deux autres témoins, et enfin MM. Riffaut et Motet, élèves de l'Ecole Polytechnique, viennent déclarer qu'ils sont assez intimement liés avec leurs camarades pour pouvoir assurer que s'ils avaient conspiré, ils les en auraient avertis.

La liste des témoins est épuisée.

Audience du 19 décembre.

RÉQUISITOIRE DE L'AVOCAT-GÉNÉRAL.

Messieurs,

Après les débats orageux que vous avez entendus, lorsque dans cette enceinte ordinairement si calme et si paisible, les passions ont paru s'agiter avec toutes leurs haines, tous leurs ressentiments, nous l'avouerons, nous avions quelque impatience d'arriver au moment où nous pourrions nous entretenir avec vous avec cette tranquillité d'ame et cet esprit de modération sans lesquels il n'y a pas de véritable justice.

Si le système envisagé dans la défense pouvait avoir quelque réalité, nous serions dans une position bien déplorable et bien affligeante. La police, nous le savons, messieurs, est instituée pour veiller au repos de l'état et des citoyens. Si l'on en croyait la défense, il faudrait dire, au contraire, qu'elle a arraché à leurs travaux des ouvriers paisibles; à leurs études, des étudiants tranquilles, pour les amener sur ces bancs, et appeler sur leur tête un châtiment sévère.

Les magistrats sont appelés à répandre la lumière, à rechercher la vérité, et il s'en serait trouvé qui, par leurs demandes captieuses, leurs menaces, auraient empêché cette vérité sainte d'arriver jusqu'à vous; ici même, où l'innocent trouve un appui, un soutien; ici, où le coupable ne trouve jamais de colère, des innocents auraient trouvé des ennemis et des persécuteurs! Votre sagesse a fait justice à l'avance de semblables inculpations, et pour ce qu'elles ont d'atroce, et pour ce qu'elles ont d'absurde.

Nous aurons occasion d'y revenir, puisque c'est là tout le système de la défense, mais dans ce moment nous ne signalons cette accusation que comme un indice de plus de ce que les accusés ont fait pour arriver au renversement et à la destruction. Pour renverser le pouvoir il faut le rendre odieux; et pour arriver là, il ne faut que déverser la haine et le mépris sur ses agents; c'est là ce qu'on voulait faire pour saper dans ses fondements cet édifice que l'on voudrait voir s'écrouler tout entier. Nous reviendrons sur ces accusations, dont votre sagesse et celle du pays a déjà fait justice.

Si nous vous avions dit, messieurs, que les accusés, trop nombreux quand il s'agit d'une peine, mais trop peu nombreux quand il s'agit d'un complot, ont formé à eux seuls le projet de renverser le gouvernement, vous ne nous auriez pas cru; une poignée d'hommes, vingt-sept accusés ne pouvaient en effet conspirer; mais nous vous avons dit qu'à côté de ces hommes, en dehors de ces hommes, il en était d'autres qui ont comploté avec eux, qui ont arrêté avec eux le projet du bouleversement, et qui les ont poussés au crime comme des instruments dociles qu'ils avaient façonnés à l'avance.

Si l'on vous a dit qu'il est des coupables que la justice a semblé ménager, de grands noms qu'elle a respectés, nous vous répondrons qu'il faut envisager l'accusation telle qu'elle est, telle que les magistrats vous l'ont faite. S'il est d'autres coupables, la justice veille, elle les atteindra tôt ou tard; mais ce n'est pas dans cette enceinte qu'un arrêt peut sortir d'une bouche quelconque pour prononcer contre eux.

Nous vous dirons qu'on a amené sur ces bancs ceux qui auraient été saisis en flagrant délit au moment où il s'agissait de l'exécution, et vous vous expliquerez par là le motif de préférence qui fait comparaître les accusés devant vous.

L'association des Droits de l'Homme s'adressait à toutes les classes de la société. Aux ouvriers elle disait : « Votre salaire ne paie pas vos sueurs; c'est à vous et non à vos maîtres qu'il appartient de fixer votre salaire et votre travail. » Aux soldats elle montrait un avancement plus rapide; et comme une garantie de leur bonheur, elle leur présentait l'élection de leurs chefs. Elle cherchait partout à recruter des hommes qu'elle devait plus tard précipiter dans le crime.

Et d'abord, messieurs, arrêtons nos regards sur quelques-uns des actes émanant de la Société des Droits de l'Homme, et qui ont déjà passé sous vos yeux.

Où le complot a-t-il été formé? Voilà maintenant la question que nous avons à examiner. Nous avons dit, messieurs, que la Société des Droits de l'Homme a été instituée pour détruire et pour renverser; et c'est ainsi que du jour où la société s'est organisée, elle a fixé son point de départ et le but où elle devait atteindre. C'était un vaste complot ayant pour but de changer la forme du gouvernement, et de renverser nos institutions. C'est donc de la Société des Droits de l'Homme que sont parties les premières atteintes à la monarchie. Ses membres n'ont pas caché devant vous les intentions qui les animaient et la pensée qui avait présidé à leur organisation. Ses membres ne voient que du mal dans nos institutions, la monarchie n'est pour eux qu'une violation des droits du peuple, et à tout prix il faut l'anéantir.

Tel est le but vers lequel la Société des Droits de l'Homme a dirigé tous ses efforts; en un mot, elle veut asseoir sur les débris du trône une impossible république.

Après ces considérations générales sur la Société des Droits de l'Homme, l'avocat général déroule devant le jury sa constitution et son organisation, puis arrivant plus particulièrement aux faits qui se sont passés les 27, 28 et 29 juillet dernier, il parle de nouveau des divisions qui s'étaient manifestées au sein de la société. Les uns, dit-il, frappés de l'inégalité des fortunes, voulaient le *partage des biens et des propriétés*,

A ces mots, une voix s'écrie avec force dans l'auditoire : Tu en as menti, misérable !

(Mouvement subit, toute l'assemblée se lève.)

Le président. Faites sortir sur-le-champ la personne qui a dit cela.

Vignerte, du banc des témoins : C'est moi qui l'ai dit, moi, Vignerte ! je le répète, il en a menti !

Plusieurs accusés. Bravo, Vignerte ! il a raison ! nous pensons comme lui ! Accusez-nous, mais ne nous calomniez pas !

Le barreau, le jury, tous se lèvent et se tournent vers l'endroit de la scène. Les accusés montent sur leurs bancs ; l'agitation est au comble.

Le président. Amenez au pied de la cour le témoin Vignerte.

Petit-Jean. Qu'on m'amène avec lui, je pense comme Vignerte, et je me fais honneur d'être complice de ses paroles.

Les témoins Vignerte et Petit-Jean sont conduits au pied de la cour.

Le président à Petit-Jean. Est-ce vous qui avez interrompu M. l'avocat-général. — R. Non.

Vignerte. — C'est moi, et je suis prêt à le répéter.

Le président. — Pourquoi a-t-on arrêté Petit-Jean.

Petit-Jean. — Parce que je pense comme Vignerte ; ce qu'a dit l'accusateur public est faux ; nous avons nos bras pour travailler et nous ne voulons de la propriété de personne.

Le président, à Vignerte. — Est-ce vous qui avez prononcé ces mots : « Vous en avez menti ? » — R. J'ai dit : « Tu en as menti, misérable ! »

Le président. — Qu'avez-vous à dire pour votre justification ? — R. Je ne me justifie pas ! Je suis membre du comité de la Société des Droits de l'Homme. J'ai été révolté des infâmes calomnies que l'avocat-général vomissait contre nous.

Le président. — Et vous, Petit-Jean, qu'avez-vous à dire ? — R. J'étais indigné d'entendre proférer contre la Société des Droits de l'Homme des faussetés aussi horribles.

Vignerte. — Je défie l'avocat-général de présenter un seul écrit qui puisse justifier ses allégations ; il faut de l'effronterie pour cela.

L'avocat-général. — Nous demandons à la cour d'appliquer au sieur Vignerte les dispositions de l'acte 223 du code pénal.

Le président. — Me Dupont, la cour vous nomme d'office pour défendre Vignerte.

Vignerte. — Je ne veux pas de défenseur...... Vous êtes un tas de valets d'un roi usurpateur des droits du peuple. Je ne vous connais pas.

Plusieurs voix au banc des accusés. — C'est vrai !...

Me Dupont. — Je ne défends pas Vignerte puisqu'il ne veux pas être défendu, mais je demande qu'il soit sursis à statuer jusqu'après les plaidoiries ; car nous établirons que toutes ces accusations d'ambition, d'amour du pillage, etc., n'ont été que d'odieuses calomnies que la société, dans toutes ses fractions, n'a jamais cessé de repousser la loi agraire.

Raspail. — Nous demandons la responsabilité de ce qu'a dit Vignerte.

Vignerte, avec calme. — Ce que j'ai dit m'est tout personnel, et je demande, moi, que cela ne retombe pas sur les accusés.

La cour, malgré les réclamations de Me Dupont, délibère immédiatement, et après quelques minutes, séance tenante, condamne Vignerte à trois ans de prison.

L'agitation des accusés et des témoins est extrême. Me Dupont demande que les témoins puissent se retirer; le président l'autorise.

On emmène Vignerte : « Adieu, monsieur le président, dit-il; ce soir, vous aurez une *poignée de main !* »

Après cet incident, M. l'avocat-général continue son réquisitoire et discute les charges relatives à chacun des accusés.

Mademoiselle Eugénie Langlois se trouve mal; on est obligé de suspendre l'audience.

A la reprise de l'audience, déclarant s'en rapporter à MM. les jurés sur le degré de culpabilité des accusés Sarda, Cornu, Boudin, Girou, Chuquet, Parfait, Boucher-Lemaître, Vangarner, Bonjour et Lacombe, M. l'avocat-général termine son réquisitoire en ces termes:

Il y a au milieu de vous, messieurs, des magistrats; votre devoir est de veiller à l'ordre public, à la tranquillité de l'état; vous devez vous dévouer avec courage à l'accomplissement de ces devoirs, car du moment où vous cesserez de veiller, l'ennemi est là, ce sera le moment de l'attaque.

Dans un état où les lois sont la protection des citoyens, dans un état où tous les intérêts se groupent pour la conservation et l'affermissement de ce qui est, il serait dangereux de voir s'établir et se former une société un ordre de citoyens séparés du reste de la nation, repoussant les lois du pays, se plaçant en dehors de la légalité.

Ce que nous signalons, c'est que la société au sein de laquelle nous avons placé le complot ne cherche pas seulement à arriver à son but par la conviction, par des proclamations, par des écrits; mais encore par l'action, par la constante résolution d'agir qui attend le moment et qui le saisirait s'il était favorable. Elle a dans son sein, cette société, un gouvernement tout prêt; et si le jour du triomphe arrivait pour elle, vous verriez dès le lendemain un gouvernement auquel il faudrait obéir, un gouvernement qui nous dirait : Marchez avec nous ou vous êtes nos ennemis.

C'est donc sur cette résolution d'agir, sur cet acte manifesté à l'époque du 29 juillet, que nous voulons attirer votre attention.

Messieurs les jurés, nous croyons avoir fait notre devoir; il vous reste à faire le vôtre.

Une suspension d'audience de quelques instants.

M. Raspail a improvisé la réponse suivante :

DISCOURS DE RASPAIL.

Messieurs les jurés,

La voilà donc enfin, dans toute sa nudité, cette accusation que le ministère a répandue avec profusion dans tous les coins de la France, et au moyen de laquelle il se proposait d'arracher à la Chambre quelques millions et quelques mauvaises lois de plus.

Il vous demandait d'abord vingt-sept têtes, puis vingt-sept condamnations infamantes, comme vingt-sept boules blanches à déposer dans l'urne législative; et déjà vous avez répondu à son inquiète impatience par vingt-sept éclats de rire.

Car il était réservé au juste-milieu qui nous gouverne de ne savoir pas même mentir avec esprit.

Pour moi, je vous avoue que dès la première séance j'ai perdu une émotion qui me flattait. Dans ma vie aventureuse de prisonnier, il me manquait une circonstance, c'est la chance de la peine de mort; l'acte d'accusation me l'offrait en perspective; l'acte de renvoi m'a ravi mon illusion, et je suis retombé dans l'ornière de l'exil que je connais depuis mon enfance et des cachots que j'habite depuis trois ans. Ces hommes-là ont horreur du sublime; ils veulent être bourgeois jusque dans la fureur.

Oh! qu'ils étaient différents les Fouquier-Thainville de la restauration, lorsqu'ils venaient demander au jury les têtes de nos camarades, ici, dans cette enceinte, où ces ombres généreuses me semblent errer à chacune de ces solennités judiciaires, comme pour dire tout bas à l'oreille des juges : Prenez garde, ceux qui nous condamnèrent à cette époque se couvrent aujourd'hui la tête d'un crêpe et n'osent plus répondre à l'appel.

Du moins alors il y avait de la conviction dans l'éloquence féroce de ces accusations royales; la royauté était du moins un culte pour les accusateurs; ces crétins couronnés qui régnaient sans gouverner, comme les crétins de nos montagnes respirent sans penser, portaient disaient-ils, bonheur à la France; il fallait, en passant, leur jeter un hommage, comme le montagnard leur jette une obole, et toute parole, tout geste sacrilége eût été frappé de la foudre du ciel; aussi quand le ciel oublieux laissait trop long-temps sommeiller sa vengeance, on se hâtait de demander aux hommes de suppléer à la justice des dieux; et le magistrat obtenait sa demande.

Nous assistions, nous, à ces sanglants débats, dans cette portion de la salle que la restauration n'avait pas encore trouvé le secret d'encombrer de mouchards; nous y assistions, en proie aux plus amères pensées; car nos camarades étaient en cause, à cette même place que le hasard leur avait départie de préférence, et que nous avions méritée aussi bien qu'eux, puisque aussi bien qu'eux nous conspirions alors.

Dieu! comme notre sang se glaçait dans nos veines, lorsque la voix tonnante de ces druides venait solliciter la tête de ces nobles vaincus pour leur dieu d'osier et de paille! Chaque mot à nos yeux allait couper le fil qui tenait suspendu le glaive sur ces braves; car la conviction est si contagieuse! le fanatisme a le regard si puissant! Aussi quand Marchangy s'écriait : *il nous faut quatre têtes!* une voix infernale, une voix secrète nous disait : *il les aura!*

Eh bien! comparez, messieurs, (car vous vous en souvenez tout autant que nous), ce style de fer et d'acier de l'accusation d'alors, avec le style flasque, prolixe et méticuleux de l'accusation actuelle; j'en appelle à votre goût encore plus qu'à votre conscience; soyez simples littérateurs, cela suffit au succès de ma cause; jugez l'accusation à son style (le style, c'est l'homme), et vous conviendrez hautement que l'accusation croyait à cette époque, et qu'aujourd'hui elle trompe.

Le pouvoir actuel avait besoin d'un complot, il réclamait à tout prix un complot : le témoin Rittier vous l'a dit de la manière la plus positive et la moins contestable. Cependant après cinq mois de l'instruction la plus compliquée, le juge déclarait, le témoin vous l'a attesté, qu'il n'en trouvait pas les moindres traces. Qu'est-ce que ça fait? s'est écrié M Persil; faute d'un complot nous aurons un roman; et pour ourdir l'intrigue, l'auteur, que la loi défend de siffler ici, n'a pris que le temps nécessaire pour ficeler les pièces éparses de cette incohérente et indigeste procédure.

Afin d'en finir avec les républicains, il fallait en tête un carliste. Kersosi se trouvait en tête de la liasse; Kersosi a été métamorphosé tout à coup en carliste. — *Et pourquoi pas?* Kersosi n'avait-il pas été pris au sein de Paris, le jour que le peuple marchait sur Vincennes demandant la tête des ministres de Charles X? N'avait-il pas été arrêté avec deux pistolets dans la rue de Sèvres, pendant que les carlistes conspiraient à une lieue de là, dans la rue des Prouvaires? Enfin le 27 juillet 1830 n'avait-il pas enlevé son régiment à Ponthivy pour marcher contre Charles X, avant même d'avoir pu apprendre les premiers succès du peuple de la capitale? Eh bien! ce carliste ou anti-carliste, peu importe à l'accusation, avait préparé une *effrayante organisation* pour le 28 juillet 1833. Il est vrai que les débats ont démontré qu'au lieu d'une *effrayante organisation*, ce n'était qu'une *effrayante motion*, qu'un chiffon de papier trouvé dans son linge sale et dans le coin ignoré d'une armoire (et ici l'acte d'accusation tant amateur des rapprochements avec 93, a oublié de constater si cette armoire n'était pas par hasard *une armoire de fer!* Ciel! *une armoire de fer!*) Mais enfin cette *effrayante motion* parle d'un *comité d'action* destiné à absorber les pouvoirs des deux comités dissidents de la Société des Droits de l'Homme; et l'organisation de ce *comité d'action* est proposée aux deux comités par l'intermédiaire d'un capitaine carliste! Quelle bonne fortune pour notre alliance introuvable jusqu'à ce jour des carlistes et des républicains! Quelle heureuse innovation de la police actuelle que d'avoir été fouiller dans le linge sale et dans le rebut, jusque-là négligé, du cabinet!

A côté de l'effrayant capitaine Kersosi, l'accusation placera le républicain Raspail, qui conspirait, lui, le 27 juillet 1833, d'une manière plus perfidement adroite, en disant à tout le monde : *Ne conspirez pas, dans le cas où il vous en prendrait fantaisie; car un vaste guet-apens est tendu à votre bravoure, et le plus grand des crimes est de se montrer brave aux dépens de la cause sacrée à laquelle nous nous sommes dévoués pour toujours.* Peu importe que nous ne puissions pas vous prouver les liaisons de Raspail et de Kersosi, peu vous importe que nous n'ayons pas même trouvé le nom de Raspail sur l'agenda, si riche en adresses, de ce capitaine; nous avons pardevers nous un chiffon de papier qui indique l'existence d'un comité Raspail dans la *Société des Droits de l'Homme;* or faire partie d'une société qui ne conspire pas, puisque nous ne l'attaquons pas, **ET EN FAIRE PARTIE AUSSI ACTIVEMENT QUE RASPAIL, C'EST CONSPIRER** (*acte d'accusation, page* 14); telle est la logique du parquet.

Pendant que ces deux hommes (Kersosi et Raspail) conspiraient ainsi, l'un avec une **EFFRAYANTE ORGANISATION**, et l'autre avec une **EFFRAYANTE HYPOCRISIE** (*p.* 10, *acte d'acc.*); on conspirait bien loin de là, dans la rue des *Trois-Couronnes*, que la conspiration avait choisie de préférence, peut-être par suite d'un insolent calembourg, vu que les trois couronnes se trouvent au *coin des trois bornes*. En effet, l'arrivée d'un cabriolet avait été prédite dans ces parages, comme l'apparition d'une comète malfaisante; c'était un cabriolet gros d'une conspiration; un de ces cabriolets régicides que le destin avait marqué, en caractères de sang, du chiffre 928! Tout le quartier s'émut au bruit de ses roues! C'est lui, s'écria M. Lallemand; c'est lui, s'écria un entrepreneur des pavages de la ville; c'est lui, s'écria un entrepreneur des forts détachés; c'est lui, s'écria enfin le commissaire de police, qui le suivait à cinq minutes près; et, ô surprise! au lieu des personnes du cabriolet, on trouva dans la maison du numéro 30, des moules à balles, des balles fondues et des fusils qui, pour être mis en état, auraient exigé une heure chacun au moins d'un travail habile; et puis enfin, quatre élèves de l'Ecole polytechnique qui venaient d'arriver là à pied et après s'être trompés quatre fois d'adresse.

C'était dans les appartements de Pérardel que la conspiration avait éclaté en son absence, de Pérardel, fabricant d'armes pour le compte du sieur Saint-Quentin; et, par un ingénieux *quiproquo*, on relâche Pérardel, et l'on traduit à votre barre Laurent, constructeur de machines à filer; Laurent qui, au lieu de mandrins propres à fabriquer des cartouches, arrangeait à l'instant même des fuseaux, d'après la méthode familière à nos conspirateurs, méthode retardataire, si l'on peut s'exprimer ainsi, et rétrograde, qui nous laisse toujours le temps de les surprendre, avant même qu'ils aient commencé à se concerter. Et voilà pourquoi il nous est si difficile d'arriver à la preuve palpable du complot, tel que l'ont défini nos lois.

Oh! messieurs, ici, on ne se sent plus la force de rire! Quand un gouvernement se voit obligé de flétrir une école comme l'Ecole polytechnique, cette pépinière d'illustrations nationales que Monge fonda, cette poule aux œufs d'or que, depuis quarante ans, l'Europe nous envie; quand il ne craint pas de traîner de la Force sur ces bancs un habit que Napoléon respecta jusque sur le corps de ses adversaires; disons le mot, messieurs, ce gouvernement est marqué au front, il doit périr. Or cette ignominie était réservée au juste-milieu; il n'a pas manqué à sa tâche. (Sensation prolongée.)

Mais le drame se complique, messieurs; car à une lieue de distance, au parvis Notre-Dame, sur les ruines de l'Archevêché !!! une autre *effrayante organisation* attendait, le 28 matin, le signal que devait donner l'organisation surprise le 27 à la rue des *Trois-Couronnes*.

Là, en effet, stationnait avec son infernale bande de cinq conspirateurs, Lerouge, ce chef qui pleure une fois qu'il est pris, ce guérillas menaçant, qui, en marchant au combat, fait un chapelet de ses balles, et qui se casse le nez ou tombe en défaillance au seul tir d'un coup de pistolet; Lerouge, ce Napoléon du mélodrame, s'apprêtait à passer sur le corps des soixante mille hommes que le pouvoir faisait parader ce jour-là. Mais la police, qui est la providence de notre gouvernement, observait les mouvements de cette bande d'insurgés; elle les voyait tour à tour s'arranger en cercle, se séparer, se rejoindre, parler tout bas, recevoir les instructions d'un officier d'ordonnance, qui déchirait ensuite un papier dont l'instruction malheureusement a oublié les morceaux.

Enfin il ne resta plus de doute sur les intentions des insurgés, quand les sergents de ville s'aperçurent qu'à leur barbe ces insolents conspirateurs se mettaient à *jouer au bouchon*. Les profonds scélérats ! jouer au bouchon ! Ah ! ne riez pas, messieurs ; la chose est grave et sérieuse : un bouchon surmonté d'une pile de sous, et qu'à l'envi on s'acharne à abattre, quelle allégorie sanglante contre notre gouvernement ! quel symbole plus énergique d'une conspiration en permanence ! aussi les insurgés ne firent-ils aucune difficulté de se rendre à l'évidence ; ils s'exécutèrent de la meilleure grâce du monde, et les voilà devant vous, ces féroces conspirateurs.... au bouchon.

Lerouge se voyant découvert, dénonça tout le complot dans une déclaration de la plus haute importance. Il signala comme ses complices la neuvième légion, le cinquante-huitième de ligne ; il devait, lui, Lerouge, à la tête de cette armée, obliger Louis-Philippe à abdiquer la couronne. Nous avons cru devoir scinder la déclaration de Lerouge ; nous l'avons considérée comme absurde par rapport à la neuvième légion et au cinquante-huitième de ligne. Il n'en a pas été de même des cinq accusés qui l'accompagnent sur ces bancs. L'accusation a aussi son pouvoir discrétionnaire ; du reste nous n'avions pas de prison prête pour tout ce monde-là.

Pendant que ceux-ci conspiraient au grand jour, d'autres conspiraient en même temps dans le fond d'une chambre, au passage du Caire ; ils attendaient, les bras croisés, l'ordre de prendre les armes que nous avions déjà saisies la veille dans l'arsenal de la conspiration, rue des *Trois Couronnes*, chez Laurent, qu'aucun d'eux n'avait encore connu. Et pourtant, malgré tout le soin que la police apporta, en ce jour néfaste, dans ses arrestations préventives, tremblez, messieurs, la conspiration fut sur le point d'éclater à la revue du roi même. Boucher-Lemaître, le lieutenant-général du royaume de Louis XVII, marchait à la tête de sa compagnie avec *son sabre bien affilé d'avance contre les républicains* (acte de renvoi. p. 12.) ; et là, il devait à haute et intelligible voix proclamer son prince, et dire à la garde nationale : « A la place de vos bastilles et de vos forts détachés, prenez mon duc, prenez mon baron, prenez mon Louis XVII qui succédera à Louis XVIII, par la même raison que Louis XVIII succéda à Louis XVI. » Et la preuve, messieurs, la preuve nous la trouverons dans le *chapitre des chapeaux :* car, vous dit sérieusement l'instruction, on trouva dans la calotte d'un chapeau resté à la maison, pendant que son maître était à la revue, les débris d'une proclamation que le vent ici n'avait pas tout emportée, et dont M. le commissaire de police a recueilli, rassemblé et rajusté religieusement tous les fragments. Niez maintenant, si vous l'osez, l'alliance de la république avec nos carlistes modernes et nos anciens émigrés.

Jusqu'à présent, dans ces grandes solennités judiciaires et politiques, nous n'avons présenté que l'assemblage terrible et monotone de conspirateurs masculins, de ces hommes à regard sombre et à figure féroce. Pour la première fois l'accusation a changé de système : elle a pensé que la femme, qui embellit tout, embellirait une conspiration même, et l'on a ordonné à Eugénie Langlois d'apporter sur ces bancs les grâces de son sexe; Eugénie Langlois qui fondait des balles comme si elle eût brodé des fleurs. Voyez de plus, messieurs, ces verres et ces bouteilles, qu'un geste de la défense a brisés, mais dont les débris restent encore comme tout autant de témoignages bachiques de la complicité d'Eugénie Langlois; car l'héroïne de Béranger *n'enivrait que la victoire*, qui a toujours raison; Eugénie enivrait la conspiration, qui a toujours tort lorsqu'elle avorte la veille; et quand la police surprit cette officine où fermentaient les mauvais destins de la France, Eugénie s'empressa de dire aux conspirateurs : *Prenez garde de laisser salir votre uniforme; voici la police; cachez-vous.*

Et sur ces entrefaites, comme pour compléter votre conviction, arrivait Sarda, conspirateur dansant, lui qui proposait d'aller à Tivoli, en ce jour lugubre que le programme de 1833 avait consacré à la mémoire de ces conspirateurs de 1830, dont la législature d'aujourd'hui vous aurait également demandé la tête, si la victoire du 29 n'eût pas absous l'insurrection des 27 et 28; mais le succès a justifié les intentions de ces morts illustres! Respect à la mémoire de ces hommes qui nous ont fait tant peur avant de descendre dans la tombe! Quant à vous, messieurs les jurés, vous ne pouvez vous refuser de donner, en punissant Sarda, un grand exemple (p. 15) à quiconque s'avisera désormais d'aller danser dans un local, sans s'être préalablement informé si l'on y danse!

C'est là, messieurs, en résumé, et dépouillé de tous les artifices de l'action et du langage, ce terrible mélodrame que le parquet a élaboré pour l'ouverture des chambres; grande pièce à compartiments et à tiroir, avec ses frères féroces, ses évolutions militaires, ses prétendants à la couronne, ses scènes d'amour, ses ballets, que sais-je! *La Révolte au sérail*! et enfin son niais de rigueur dans la personne de M. Lerouge. Si toutes ces scènes ne sont pas mieux liées, prenez-vous en à la défense M. Persil! depuis bien long-temps nous plaidons vainement contre cet arsenal odieux de la vindicte publique, que nous ont légué les siècles de barbarie : contre la peine de mort, la déportation et la réclusion; la réclusion, cette hideuse torture, ce foyer de corruption que le sage regarde comme pire que la mort! Mais, je vous en remercie au nom de l'humanité! vos réquisitoires ont plus fait pour l'abolition de ces peines afflictives et infamantes que tous les efforts des philanthropes réunis. Vous avez à jamais désarmé le bras de la justice!... Vous avez su rendre ridicules les accusations capitales!

Oui, messieurs les jurés, tout cela est bien ridicule; mais ce qui ne doit pas faire rire les amis de l'humanité, à quelque drapeau qu'ils appartiennent, c'est que cette farce politique a plongé dans les cachots cent-cinquante citoyens pendant trois mois, et vingt-sept d'entre eux pendant six mois presque, ayant en perspective l'alternative de la déportation, qui équivaut aujourd'hui à la mort, ou d'une absolution qui ne réparera pas la ruine de leur position sociale.

Leur innocence vous sera démontrée avec trop de talent par chacun de leurs avocats pour que j'ose me permettre d'aborder l'accusation dans ses applications personnelles; pour moi je dois me renfermer exclusivement dans le cercle spécial qu'elle m'a tracé, en vengeant la Société des Droits de l'Homme des outrages dont elle est ici l'objet, et en renvoyant à mes accusateurs les imputations et les injures officielles qu'ils me prodiguent avec si peu de pudeur.

Après la lecture la plus attentive de cet acte d'accusation, on est en quelque sorte embarrassé de dire à qui en veut le pouvoir dans ses nouvelles poursuites. Veut-il frapper la Société des Droits de l'Homme par la condamnation de vingt-sept individus dont plusieurs n'en font pas partie? ou bien espère-t-il obtenir plus facilement la condamnation de vingt-sept innocents, en incriminant une société qu'il n'a pas mise en cause?

Si son but est d'incriminer des doctrines, pourquoi signale-t-il à votre vindicte un complot? Si c'est un complot qu'il désire frapper d'une punition éclatante, pourquoi ce fatras de feuilles imprimées qu'il entasse sous vos yeux? Si la Société des Droits de l'Homme est coupable d'une profession criminelle, pourquoi jusqu'à présent ne l'avez-vous attaquée que comme une contravention? Si elle est inattaquable en justice, pourquoi vous, magistrat, osez-vous la diffamer aux yeux du pays? S'agit-il d'un délit de presse, ou bien d'un crime contre la sûreté de l'état? Sommes-nous des écrivains ou des conspirateurs? Juges et accusateurs, nous ne paraissons ici devant vous qu'avec une seule profession et une seule tête! La justice n'a qu'une balance et qu'un glaive! La culpabilité n'offre pas plusieurs facettes; et l'une des sources de l'évidence, c'est l'unité de la démonstration. Pourquoi donc cette marche équivoque et tortueuse? pourquoi ces formes énigmatiques et inusitées dans le sanctuaire de la justice?

Ah! nous vous avons deviné, hommes du pouvoir; c'est que vous avez moins en vue de venger la société que de surprendre sa religion, de punir des coupables que d'épouvanter des citoyens; car vous n'avez su ni vous faire aimer, ni vous faire craindre; comment vous soutiendriez-vous encore, si quelque autre chose que vous ne faisait pas trembler?

Eh bien! ce moyen gouvernemental va vous manquer encore! La fantasmagorie de 93 est usée entre vos mains; et, à 40 ans d'intervalle, la France a appris à raisonner de sang-froid sur ces terribles époques, qui, dans l'espace d'un siècle, ne reviennent point deux fois, et dont notre régénération sociale a conjuré à jamais le retour.

« On sait, dites-vous, que les principes de cette coupable association reposent sur la déclaration proposée par Robespierre et *rejetée* par la Convention. »

Le voilà ce grand mot lancé comme un épouvantail en tête de votre accusation même! Mais l'avez-vous lue cette déclaration de Robespierre? pourriez-vous indiquer les différences qui la distinguent de celle de la Convention? Dans plus des deux tiers, ces deux déclarations sont presque identiques; et quand elles diffèrent, tout homme progressif donnera la préférence à celle de Maximilien. Car si cet homme fut terrible, il ne fut point barbare; si en sa qualité de membre du comité de salut public, il pulvérisa comme la foudre tout ce qui semblait menacer le salut de la France, comme philosophe, comme législateur, tous ses efforts se dirigèrent vers l'abolition de la peine de mort; et tandis que la Convention, dans sa déclaration, inflige des peines capitales et répressives, Maximilien, dans la sienne, ne pose que des principes d'humanité et d'avenir.

Pour moi, dans tout le reste et même sur la propriété, je trouve entre ces deux actes moins de différence en pratique qu'en théorie, dans les choses que dans le style, qui porte plus le cachet de l'esprit législatif dans l'œuvre de la Convention, et celui de l'esprit philosophique dans l'œuvre de Robespierre; en un mot, la déclaration de celui-ci pourrait être envisagée comme le considérant, comme l'exposé des motifs de la déclaration de l'assemblée; et voilà pourquoi on lui a donné la préférence dans l'*association des Droits de l'Homme*, société qui s'attache aux principes parce qu'ils sont de toutes les époques, tandis que les applications se modifient à chaque génération, et que nous sommes, nous, une génération nouvelle par rapport à 93.

Entendez-vous bien? nous sommes, nous, une génération nouvelle par rapport à 93; il nous faut des hommes nouveaux; et ce n'est pas en nous habillant en Robespierre, en Saint-Just, ce n'est pas en nous distribuant les rôles du drame terrible de leur époque, que nous avons la prétention de travailler à la régénération de la société. Laissez-là tous ces anachronismes ridicules que votre mauvaise foi se plaît à nous faire commettre. Ne présentez pas comme une servile imitation l'admiration que nous professons pour ces hommes qui furent sublimes en 93, et ne seraient plus qu'horribles en 1833. Eh quoi! vous voudriez défendre à une jeunesse livrée à de hautes études, de voir en Saint-Just un guerrier intrépide et un législateur consommé à 25 ans, Saint-Just dont le panache tricolore précédait de cinquante pas nos bataillons sur le champ de bataille, et dont les idées en économie politique devançaient de cinquante ans celles de la Convention nationale, Saint-Just enfin qui a 26 ans monta hardiment sur l'échafaud pour ses croyances et ses vertus. Oh! messieurs, la postérité n'est jamais ingrate, et nous sommes ici la postérité.

Quant aux noms propres, enfants! s'ils vous épouvantent; nous vous en faisons bonne justice. Nous vous abandonnons les membres du comité du salut public; mais permettez-nous de méditer les écrits des membres de la Convention nationale, et transportez la discussion sur ce terrain. Ouvrez avec nous ces immortelles productions; trouvez-nous-y un passage que nous ne puissions présenter à nos amis comme à nos ennemis. Cette loi agraire, cette loi du pillage des riches, que depuis trois ans vous faites sonner si haut aux oreilles des propriétaires, montrez-la-moi dans une seule ligne de Robespierre et de son jeune collègue; vous savez bien qu'on y trouve le contraire, vous savez bien que d'après Maximilien, la *loi agraire* est un mot inventé par des fripons pour faire peur à des imbécilles.

Je vous le répète, nous vous abandonnons ces hommes du comité de salut public comme hommes d'action, nous les signalons comme écrivains politiques; car leurs écrits renferment la morale de tous les siècles et de tous les pays; et quand vous nous traduirez à la barre de l'opinion publique, soyez désormais de bonne foi, opposez-nous leurs discours que nous méditons, et non leurs actes que l'histoire appréciera et que nul de nous n'a la folie de vouloir reproduire.

Est-ce bien entendu entre nous, accusateur public? Et vous, propriétaires que la loi, qui n'est pas notre ouvrage, a fait nos juges, vous à qui on veut arracher une condamnation par le spectre de cette révolution qui vous a légué pourtant les richesses du clergé et les priviléges matériels de la noblesse, tandis qu'elle nous a laissé nous les cachots et la guillotine, si nous prêchons nos doctrines, ou si moins heureux qu'en 89, nous cherchions à en conquérir la bienfaisante application. Transportez-vous par la pensée, avec votre haine du fanatisme des prêtres et de l'insolence des nobles, sur la scène de 93; marquez-y vous-mêmes votre place; soyez francs et dites le mot, vous auriez été *Robespierriste*; car il fallait sauver la France, et la France fut sauvée; sur tous les points du sol le fanatisme et la féodalité relevaient leurs têtes; il fallait les abattre; le danger était imminent, il fallait encore de l'audace, et ces hommes en eurent jusqu'à se sacrifier eux-mêmes pour le maintien de vos droits.

Eh bien! ces impérissables leçons, la *Société des Droits de l'Homme* les recueille dans leur intégrité, pendant que nos ennemis, pendant que nos accusateurs les altèrent sous vos yeux avec tant de mauvaise foi. Lisez-les comme nous, messieurs, et vous chercherez en vain parmi nous des coupables. Vous verrez, aussi bien que nous, que l'on peut adopter les doctrines d'une époque sans être amené à en invoquer les sanglantes nécessités; qu'aujourd'hui, que tout est fini, nous serions des insensés de vouloir recommencer; que les prêtres et les nobles sont descendus du faîte de leur despotisme, pitié pour eux! qu'ils sont devenus nos frères en revêtant le titre de citoyen, respect à eux! que nos ennemis ont disparu de la surface de la France, car le riche est le fils de la fortune, qui demain peut nous favoriser ainsi que lui, et non le membre d'une corporation qui, lorsque tout est plein, ne laisse plus entrer personne. Accusateur public, si vous voulez à tout prix nous imposer le rôle de Robespierre et de Saint-Just, ayez la complaisance de nous marquer vous-même les têtes à abattre; car pour nous, soldats des trois jours de 1830, vous en souvenez-vous encore? nous n'en trouvons qu'à défendre et qu'à conserver.

Tel est l'esprit qui anime l'association; je défie l'avocat-général d'apporter une seule preuve du contraire. L'acte d'accusation a mutilé nos écrits tant qu'il a pu, et les débris qu'il a conservés vous ont encore paru empreints de la plus douce bienfaisance; il a altéré les phrases, sans pouvoir en flétrir la pensée. Mais après tout cet échafaudage de réticences artificieuses et de falsifications coupables, il ne lui restait d'autre fange que la calomnie, et il s'y est amplement vautré.

Cette société, vous dit-il, a été fondée par des ambitieux que la révolution n'a pas satisfaits, et elle est composée d'hommes qui n'ont rien à perdre et tout à gagner dans un bouleversement politique. Des ambitieux que la révolution n'a pas satisfaits! Mais non pas, elle nous a amplement satisfaits, cette révolution, dont vous, qui n'êtes pas ambitieux, vous n'avez pas certes le droit de vous plaindre. Vous le voyez, elle nous a fait monter du fond de notre obscurité à la tribune du prolétaire, sur les banquettes de l'accusé. Avant 1830, du haut de notre quatrième étage au dessus de l'entresol, nos doctrines n'arrivaient pas jusqu'aux hommes, et nos souffrances restaient stériles pour l'humanité; mais aujourd'hui le peuple vient ici tout palpitant d'intérêt pour nous entendre, et les peines que vous nous infligez sont autant de palmes du martyre. Or cette ambition de l'apostolat politique, nous vous avons là pour la satisfaire, et vous n'y manquez pas.

« Nous n'avons, dites-vous, rien à perdre et tout à gagner dans un bouleversement; » mais vous n'avez donc pas lu les écrits que vous incriminez? n'y avons-nous pas dit cent fois que l'on *n'améliore pas en bouleversant, mais en modifiant, et que les modifications sont lentes et successives; qu'on ne peut déplacer le bonheur, pour faire, en le morcelant, le malheur de tout le monde?* (Déf. du 14 nov.)

Vous ajoutez que nous ne comptons dans nos rangs que ceux qui, sous prétexte de changer la forme du gouvernement, n'en veulent qu'à la fortune des citoyens et à la PROPRIÉTÉ en général, qu'au partage des biens, au dépouillement des riches. Horreur! vous mentez en jouant sur les mots de la manière la plus perfide; vous mentez parce qu'il s'agit d'égarer des propriétaires sur notre compte. Mais cette propriété, lisez à haute voix nos écrits, nous voulons l'améliorer et non la ravir, la féconder pour tous et non la ruiner en la mettant en pièces. Nous vous disons que sans secousse et sans bouleversement, il est possible d'élever le pauvre à la hauteur du riche, d'enrichir l'un sans dépouiller l'autre; et cela je vous l'ai dit moi-même un Barême à la main, et je vous l'ai dit à satiété; il faut avoir perdu toute pudeur, pour oser s'exposer tant de fois à ces sanglants démentis dans cette enceinte.

Ce pauvre que votre police attend au passage pour le corrompre, dans ces moments affamés où l'estomac crie *haro!* sur la conscience, nous nous plaisons à le secourir et à le consoler, pour le rendre meilleur et plus résigné. Nous lui rappelons qu'il est homme, et en cela, nous croyons servir les intérêts du riche comme les siens; car il ne s'est trouvé qu'une seule plume sur la terre qui ait écrit que tout serait perdu pour la société, si l'on venait à rappeler si souvent aux ouvriers *qu'ils sont hommes;* et c'est la plume de M. Persil.

Philosophes des temps antiques, amis de l'humanité qui avez plaidé sa cause sous la poupre ou dans les fers, je vous évoque dans cette enceinte de la justice qui, depuis trois ans, a retenti de ces blasphèmes politiques; dites-moi, croyez-vous que, depuis votre époque, nous ayons réellement progressé?

Mais pourquoi défendrais-je plus long-temps les doctrines de la société, puisque ses doctrines ne sont pas en cause? Occupons-nous du complot. J'ai tenté d'en trouver des preuves dans les actes de la *Société des Droits de l'Homme* et dans les miens; mais je les ignore encore : enseignez-les-moi.

La *Société des Droïts de l'Homme*, vous la considérez comme en état de conspiration permanente.

Les larmes qu'elle a versées sur la tombe des vaincus de juin, à l'anniversaire de ces fatales époques, attestent ses intentions coupables.

Oh ! messieurs les jurés, jetons un voile sur ces journées où la police (vous n'avez pas oublié que Vidocq avec sa bande se glissa dans les rangs des insurgés), où la police, dis-je, arma les citoyens les uns contre les autres, et où, impuissante ensuite à maîtriser le mouvement qu'elle avait provoqué, elle vit trois cents héros tenir en échec soixante mille hommes, et se faire tuer sur la brèche pour la sainte cause de leur conviction. Vous représentez ici les vainqueurs, comme nous représentons les vaincus. Mais à notre tour nous avons été vainqueurs en 1830 ; or demandez aux vaincus d'alors comment nous les avons traités : « Quittez cet habit, leur disions-nous, acceptez le nôtre ; redevenez nos frères : voyez donc ! le triomphe du peuple est si noble ! ce soleil est si pur ! Ah ! prenez part à nos fêtes, après avoir donné des pleurs à tous ceux qui sont morts ; car, à nos yeux, ils étaient tous enfants de la patrie, et les vôtres plus malheureux que nous, puisqu'ils se battaient par force, et les nôtres plus glorieux que vous, puisqu'il se battaient par dévouement. »

Soldats qui m'écoutez, et qui le 6 juin marchiez les larmes aux yeux contre cette poignée de braves, dites-moi, nous feriez-vous aujourd'hui un crime des fleurs que nous avons jetées sur la tombe de nos frères vaincus, eux qui vainqueurs eussent reçu, comme en 1830, des couronnes civiques ? Non, non ; il faut endosser une robe pour acquérir le droit de se montrer aussi inhumain.

Mais l'accusation a d'autres découvertes ; elle a exhumé un ordre du jour, par lequel le comité imposait à chaque sectionnaire le devoir de se rendre, les bras croisés et la tête baissée, autour de l'échafaud dressé pour le supplice de Cuny, l'un des vaincus de juin ; il leur disait : Faites-vous tuer plutôt que de laisser tomber la tête de votre frère ! Français, à quelque opinion que vous apparteniez, j'en appelle à votre cœur, de quel côté était ici le coupable ? Quoi ! la royauté du 7 août ne nous avait-elle pas donné l'exemple de cette opposition à une exécution féroce, au mois de décembre 1830 ? N'avait-elle pas supplié Lafayette de combattre à la tribune nationale la peine de mort ? N'avait-elle pas sollicité les écoles de se placer la carte au chapeau pour protéger trois grands coupables ? Elle-même, ne s'était-elle pas mise en frais de sentimentalité pour faire rayer la peine capitale des tables de la loi ?.... Il s'agissait alors, il est vrai, de la tête des ministres ! et aujourd'hui il ne s'agit plus que de la tête d'un prolétaire !

Eh bien ! nous, nous ne savons pas distinguer ; nous réclamons ce que l'on nous a promis, l'abolition de cette peine infâme pour tous ; et quand il s'agira de rendre au prolétaire le service que vous avez rendu aux ministres du roi déchu, oui, nous marcherons encore à l'assaut de la guillotine, persuadés que si nous revenons vainqueurs de la lutte, l'humanité tout entière applaudira à notre triomphe ; et que, vaincus, l'on couvrira nos corps d'un peu de terre sur laquelle il sera défendu, sous peine de mort, de laisser couler quelques pleurs ; mais nous aurons fait notre devoir, et le ciel en sera juge.

Cependant tous ces faits ne constituant pas le complot du 28 juillet 1830, passons à d'autres moyens d'accusation.

La Société des Droits de l'Homme s'adressait aux soldats pour leur rappeler qu'eux aussi étaient citoyens, au peuple pour lui exposer des doctrines qui déplaisent au pouvoir, mais que le jury a acquittées vingt fois dans cette arène. Nous pourrions repousser la solidarité de ces écrits, car vous n'apportez aucune preuve pour nous en constituer gérants responsables. Mais enfin nous volons au-devant de tous vos vœux, nous acceptons ces écrits dans toute leur teneur; lisez-les à la face de la France, mais sans les tronquer, comme vous l'avez fait dans votre acte d'accusation, et trouvez ensuite des juges qui les condamnent; nous vous en portons le défi; ne voyez-vous pas que la simple contexture grammaticale de ces écrits est la réfutation la plus victorieuse de vos calomnies? Quant à vous, messieurs les jurés, lisez-les dans la chambre de vos délibérations; nous comptons sur votre conscience, et pourtant vous n'êtes pas nos partisans.

Enfin nous quittons ces vagues incriminations, ces idéalités qui s'évanouissent au simple contact, pour arriver à des actes palpables, qui, dans cette circonstance, peuvent seuls former les éléments de la culpabilité.

Il existait, poursuit l'accusation, deux comités dissidents dans le sein de l'association des Droits de l'Homme et du Citoyen; l'un qui portait le nom de *comité Raspail* et qui s'était prononcé pour les voies de modération, pour les voies détournées, qui ne conspirait pas d'une manière directe, qui voulait arriver à son but comme en 1830, avec tout le peuple contre le pouvoir, et non avec une fraction contre une autre fraction du peuple; l'autre, que l'on désignait sous le nom de *comité Lebon*, conspirait à découvert; il ordonna à ses sections de se tenir en permanence le 28 juillet; et le 26, il avait publié un ordre du jour qui proposait de marcher, en cette occasion, avec la garde nationale, en déclarant qu'après la victoire, justice rigoureuse serait rendue à chacun. Une lettre du sieur Vignerte, approuvée par ce comité, constate que : Le comité n'a pas jugé prudent de mettre en face du 7 août des hommes si passionnés pour la liberté, si déchaînés contre le despotisme; et qu'en conséquence le 28 juillet 1830, tous ont fait taire leurs ressentiments et ajourné leur ardeur.

Singulière manière de procéder en fait de poursuites! Vous avez devant vous deux comités, dont vous connaissez les membres; l'un conspire, dites-vous, ouvertement, il se nomme, il avoue ses écrits et ses actes, et il attaque le pouvoir à front découvert; et celui-là vous le laissez en liberté, vous n'exercez contre lui aucune poursuite; vous allez plus loin, vous l'assignez comme témoin à charge, contre le comité qui ne s'avoue pas, et qui ne conspire pas d'une manière directe et avouée et dont les membres vous sont inconnus. En vérité la justice qui protége de pareilles aberrations, en les soumettant à la gravité des débats judiciaires, est donc frappée de vertige! ou bien notre présence ici est un rêve!

Au reste, ce n'est pas la seule mystification de ce genre que cet acte curieux d'accusation renferme.

On saisit les élèves dans les appartements de Pérardel, fabricant de fusils, et c'est Laurent, mécanicien en filature, que l'on traîne devant la justice.

Gressier est un des cinq élèves surpris dans le grenier, et ce sont les quatre autres que l'on accuse.

Guérineau, d'après un expert, signe, au nom du comité, un écrit dont on m'impute le corps, et Guérineau est mis hors de cause, et moi, pour ce fait seulement, je suis traduit à votre barre. Je ne poursuis plus ces rapprochements, ceux-là vous suffiront, je pense, pour apprécier la moralité, ou plutôt la légèreté calculée de l'acte d'accusation.

Mais comment a-t-on constaté l'existence de deux comités, dont l'un porterait le nom de *comité Raspail* et l'autre celui de *comité Lebon*? Par la découverte d'un chiffon de papier oublié dans une section, et au bas duquel les deux comités ainsi dénommés sont invités à se réunir. C'est là l'unique preuve. Cet écrit est daté du 19 août. Eh bien! si l'on veut entendre des témoins sur ce fait, je vais vous démontrer jusqu'à l'évidence que, dès le 30 juillet, je n'étais plus rien dans la Société des Droits de l'Homme.

Ah! l'existence de ces deux comités, à l'un desquels je ne saurais être trop flatté que l'on eût daigné imposer mon nom, était une découverte trop précieuse pour l'interprétation de ce chiffon de papier trouvé dans le linge sale de Kersosi, et dans lequel, au lieu d'une motion, l'accusateur public, au moyen de la suppression d'une phrase entière, a su trouver une effrayante organisation. Kersosi devenait ainsi l'intermédiaire entre les deux comités, le conciliateur de fractions dissidentes. Qu'importe à l'accusation, que, postérieurement à la date indiquée dans cet acte pour la réunion des comités, les journaux tels que *le National, la Tribune* et *le Journal de Paris*, aient publié des documents qui attestent l'existence de la dissidence. Qu'importe que le 27 un comité ordonne la permanence et l'autre donne un ordre contraire? Le siége de l'accusation était tout fait; cet acte précieux était le pivot de l'intrigue; il eût fallu l'inventer, s'il n'avait pas existé.

Supposons-le vrai, avec la naïve crédulité que l'acte d'accusation réclame sur parole; qui vous prouve que j'en aie fait partie? Vous avancez hardiment que tout le prouve d'une manière indubitable. Pour moi, je vous somme d'en administrer les preuves; vous vous taisez. Eh bien! je vous invoque, vous, en preuve du contraire. Aux assertions (pages 14 et 15), dans lesquelles vous assurez que Kersosi faisait nécessairement partie de ce comité, et que tout prouve que j'y suis resté, que j'ai obéi comme les autres, ou plutôt que j'ai continué de commander, en passant comme Kersosi dans le comité d'action; à ces assertions, dis-je, je n'ai qu'à opposer les assertions diamétralement contraires (page 13), où vous dites textuellement (remarquez bien, messieurs les jurés,) que **L'INSTRUCTION N'A PAS FAIT CONNAITRE LES PERSONNES QUI COMPOSAIENT LE COMITÉ EXTRAORDINAIRE D'ACTION**!!! Et voilà pourtant, messieurs, comme on écrit l'histoire... des complots, depuis 1830!

Accusateur public, depuis le commencement de cette affaire nous avons suivi une marche qui a terriblement embarrassé vos investigations; et c'est celle que doit désormais suivre tout citoyen doué de sens et je dirai même tout homme d'honneur en France. Persuadés que l'instruction n'est qu'un piége continuel tendu à la bonne foi de la défense, nous avons accueilli son patelinage par le plus profond silence; nous nous sommes constitués, il est vrai, par notre réserve, les boucs émissaires de tous ceux que l'on voulait nous faire dénoncer à notre insu; nous avons pris, par notre refus de répondre, la responsabilité de tous les actes incriminés; mais nous avons donné rendez-vous à notre adversaire dans cette enceinte; ici, nous avons décidé de ne point ravir à l'avocat-général la gloire d'avoir tiré, sans secours étranger, du fonds du puits, cette vérité qui devait épouvanter le monde; nous l'avons laissé s'avancer avec son front de bataille, il vous a développé tous ses moyens d'attaque; vous les avez jugés. Maintenant il est temps de le confondre, en lui disant des vérités qu'il ignore, et de lui opposer des faits qui n'auraient certainement pas désarmé sa vengeance, mais qu'il nous importe, en hommes d'honneur, de soumettre à votre appréciation.

Vous ne saviez rien, M. l'avocat-général; nous allons tout vous apprendre.

Oui, j'étais membre d'un comité dont j'aurais pu ne vous permettre de me considérer que comme le scribe éventuel, car vous n'aviez pas ma signature; mais ce comité ne porta jamais mon nom.

Et Kersosi, à qui il vous a plu de faire jouer le rôle d'intermédiaire et de créateur d'un comité d'action, Kersosi était le deuxième membre du comité dont je faisais partie; le troisième, et pour cause, vous ne le connaîtrez pas.

Jamais aucune dissidence ne s'est élevée entre Kersosi et moi; nous n'avons jamais cessé d'être unis de la même amitié, quoique lancés par le hasard dans deux carrières différentes; lui, dans la carrière de la bravoure, et moi, dans celle de la résignation. Kersosi m'a accompagné au *National* et à *la Tribune* le 26; Kersosi a pris la solidarité de toutes nos démarches le 27 et le 28; il ne conspirait donc pas autrement que nous. Exigez-vous à cet égard des preuves et des témoins? tout est prêt à vous répondre. (L'avocat-général garde le silence.) Je prends acte de votre silence. Votre comité d'action rentre donc, par cette simple déclaration, dans les chiffons du linge sale, dont vous n'auriez jamais dû le faire sortir. Retranchons-nous en conséquence dans les pièces que vous tenez de ma main, et que j'ai bien voulu reconnaître, et examinons en quels termes je conspirais au nom de notre comité.

Vous possédiez de ma main une pièce intitulée *Résistance à l'illégalité*: c'était un projet de lettre, mais sans signature, et qui était destiné à être inséré dans les journaux. Malgré la lecture incomplète qu'en a faite M. le président, malgré la suppression, involontaire sans doute, de ces paroles finales : « Ne transformez pas en émeute la défense d'un droit sacré,» cependant chacun s'est demandé, en l'écoutant, si l'accusation, par une innovation heureuse, s'était chargée enfin de fournir des moyens puissants à la défense; et l'accusation mieux avisée a retiré cet acte d'abord si important à ses yeux.

Pour ne pas abuser de vos moments, messieurs les jurés, je serai au moins aussi généreux que l'accusateur lui-même, je renoncerai comme lui à faire usage de cette pièce. Je ne veux le battre que par lui.

Une seconde pièce vous a été soumise comme étant de ma main; c'est la copie d'un écrit qui a été imprimé avec nom d'imprimeur, que le pouvoir n'a pas cru devoir incriminer, et comment l'aurait-il fait ? C'est le projet d'une organisation toute philanthropique, toute de fraternité. Mais remarquez bien; dans la copie se trouvent quatre ou cinq phrases que l'impression n'a pas reproduites! Nous en sommes arrivés à ce point de dévergondage en fait d'accusations légales, qu'on incriminera bientôt les ratures, les suppressions réfléchies, qu'on finira par attaquer un écrit imprimé, non pas sur ce qu'il renferme, mais sur ce qu'il ne renferme pas, et qu'on traduira tôt ou tard à votre barre, non la brochure, mais le manuscrit. Mais ces phrases non reproduites dans l'impression ont trait à la décision d'un tribunal.... Ah! s'est écriée l'accusation, c'est un tribunal secret, une chambre ardente, une chambre de francs-juges! Et à cette découverte immense se rattache, comme vous le savez, le poignard de l'agent de police Rouhier; nous les tenons enfin!

Eh bien! il s'est trouvé, dans le cours des débats, que ce mot de *tribunal*, échappé à la précipitation d'une première rédaction, ne désigne autre chose qu'une commission d'enquête dont l'organisation est tracée dans le réglement, et qu'au lieu des terribles punitions dont l'accusation l'avait armée, la plus grande peine qu'elle pût infliger, c'était simplement *la reprimande du comité*. Et c'est pour arriver à un si mince résultat, que pendant un mois on épouvante la France!

Attendez, vous dit l'accusation, vous allez voir que l'instruction a révélé bien d'autres charges contre l'accusé Raspail, et c'est ici la bastille qu'aura à renverser la défense.

En première ligne c'est un article inséré dans *la Tribune* le 27 juillet 1833; le voici tel que l'a mutilé l'acte d'accusation:

« La Société des Droits de l'Homme a été instituée pour organiser la véritable propagande....... Chaque membre est prêt à remplir son devoir, quand la patrie fera un appel à son dévouement, mais le comité ne soumet aucun d'eux aux formes de la conspiration. Le 28, leur devoir sera de joindre leurs voix à celle de la portion patriote de la garde nationale, et, dans le cas d'une collision du pouvoir avec cette garde civique, de prêter main-forte à celle-ci.»

J'en appelle à votre logique, messieurs, qui n'est pas celle du parquet: cet acte ainsi mutilé vous paraît-il renfermer le germe de la plus petite conspiration? Mais vous y trouvez tout le contraire, et en termes exprès. Mais si c'est là le manifeste d'un conspirateur, pourquoi le numéro de *la Tribune*, de cette *Tribune* envers laquelle vous n'êtes certes pas économe de rigueurs, n'a-t-il pas même été saisi à la poste, et pourquoi son gérant ne se trouve-t-il pas même sur les bancs avec nous? Comment savez-vous que cet acte si important contre nous est sorti de ma plume? Qui vous l'a dit?

C'est moi, messieurs les jurés, moi, qui n'ai jamais daigné accorder une réponse à cette longue mystification; c'est moi qui l'ai dit, non pas à M. le juge d'instruction, mais à M. Perrot, dans une conversation, alors que je n'étais pas encore considéré comme conspirateur, quoique ce dernier possédât de ma main les mêmes pièces, enfin le 23 août, jour auquel j'allai prendre une permission pour voir à Sainte-Pélagie mes amis les conspirateurs du 28 juillet. Sans moi l'acte d'accusation eût été privé de ce document inappréciable; vous voyez pourtant de quelle manière il se montre reconnaissant. Le soir même j'étais saisi comme président de l'Association pour la liberté de la presse, en vertu d'un mandat d'amener, *signé Gisquet* et daté du 25 juillet, mandat d'amener dont, le 23 août, le juge d'instruction ignorait encore l'existence; et huit jours plus tard j'étais écroué comme conspirateur.

Oh! puisque cet acte non incriminé est d'une telle importance contre la défense, je tiens, messieurs, à vous le soumettre dans toute son intégrité : je repousse les réticences de l'accusation comme des faveurs; et je rétablis avec soin entre parenthèses tous les passages qu'elle a supprimés sans doute dans mon intérêt :

« (Un comité de la *Société des Droits de l'Homme et du Citoyen* s'est présenté dans nos bureaux pour réfuter des bruits que la malveillance vient de répandre dans les corps de garde.) »

« La *Société des Droits de l'Homme et du Citoyen* a été instituée pour organiser la véritable propagande (**PARMI LES DIVERSES CLASSES DE LA POPULATION**); chaque membre est prêt à remplir son devoir, quand la patrie fera un appel à son dévouement; mais le comité ne soumet **AUCUN D'EUX AUX FORMES DE LA CONSPIRATION.** »

« Le 28 leur devoir sera de joindre leurs **VOEUX** à ceux de la portion patriote de la garde nationale, et, dans le cas d'une collision du pouvoir avec cette garde civique, à prêter main-forte à celle-ci; (car c'est alors que la **RÉSISTANCE** deviendrait le plus saint des devoirs). »

« (Mais nul d'entre eux ne pense à transformer le lendemain de la victoire en jour néfaste; nul d'entre eux ne rêve à des réactions sanguinaires; la vengeance n'entra jamais dans le cœur d'un républicain; car la vengeance n'est que de la fureur, et la fureur est incompatible avec l'amour de la justice et de l'amélioration.) » *Tribune* du 27 juillet 1833. »

Je croirais, messieurs, faire insulte à votre bonne foi que de me livrer ici à des commentaires; les suppressions que s'est permises, en transcrivant cet article, le ministère public, parlent plus haut encore que ne le ferait l'indignation d'un honnête homme.

Je vous ai déjà lu un article analogue inséré dans *le National* du 27, et vous avez vu l'avocat-général qui en ignorait encore l'existence, s'en emparer aussitôt avec avidité comme d'une bonne fortune. MM. Carrel et Marrast vous ont dit que le comité dont ils ont parlé est celui auquel j'appartenais; vous avez donc sous vos yeux deux éléments de conviction, qui vous suffiront pour déterminer à quel genre de conspirateurs nous appartenions ce jour-là.

Mais l'accusation tient en réserve un troisième acte, qui est le plus important de tous ; c'est une lettre de ma main trouvée chez Lacombe, avec une adresse à Girou, une souscription au nom du comité, et un paraphe, le tout d'une écriture étrangère. « Cet écrit confidentiel trahit l'existence du complot ; loin d'interdire la révolte, Raspail en prévoit l'occasion. On y lit ce qui suit ».... et ici l'acte d'accusation vous en soumet deux passages seulement qu'il mutile, qu'il sépare par dix pages de faits différents qu'il tronque, enfin, disons le mot, qu'il *falsifie*, lorsque l'importance que le rédacteur du parquet y attache lui eût fait un devoir de le reproduire en entier ; mais aujourd'hui tant de pudeur n'entre plus dans l'ame de ceux qui accusent.

Jugez-en, messieurs, je vous soumets l'écrit et la falsification du parquet parallèlement sous les yeux :

Voir le discours de Me Dupont *pour l'écrit falsifié.*

Messieurs, si la loi d'aujourd'hui était égale pour tout le monde, si le *Code pénal*, tant de fois invoqué contre nous, pouvait être invoqué réellement contre ceux qui nous accusent et nous poursuivent, dès ce moment les rôles de l'accusation et de la défense seraient intervertis ; nous ferions descendre l'accusateur public de son siége sur ces banquettes, et nous vous demanderions contre lui l'application de l'art. 146, qui est conçu en ces termes :

« Sera aussi puni des travaux forcés à perpétuité, tout fonctionnaire ou officier public qui, en rédigeant des actes de son ministère, en aura frauduleusement *dénaturé la substance* et *les circonstances....* en constatant comme vrais des faits faux, ou comme avoués des faits qui ne l'étaient pas. »

Mais si la nature de ces altérations est telle qu'à leur faveur on puisse livrer la tête d'un écrivain à la guillotine ou sa personne à la déportation, quelle peine la loi eût infligée, si le législateur avait pu croire de la part d'un magistrat à la possibilité d'une pareille forfaiture?

Eh bien ! nous, républicains, qui réclamons de la civilisation actuelle l'abolition des tortures pénales, nous nous contenterons d'abandonner ces manœuvres au mépris public, qui vient de les accueillir ; le rôle d'accusateur, nous n'en voulons pas même contre un coupable, et je me hâte de reprendre le noble rôle d'accusé.

N'attendez pas de moi, messieurs, que, pour me justifier au sujet d'une conspiration imaginaire, je vienne devant vous flétrir le titre de conspirateur, ce titre qu'ont illustré les Epaminondas, les Brutus, les Caton, les Guillaume Tell, les Bories, les héros de 1830, et depuis... je m'arrête, vous n'êtes pas encore assez avancés ! Pendant que le despotisme leur dresse des échafauds, le peuple de tous les temps leur élève des autels. Savez-vous combien doit être fortement trempée l'ame de ces hommes qui devancent leur siècle, bravent tous ses préjugés pour renverser les obstacles qui s'opposent à l'amélioration sociale, convaincus d'avance qu'après la victoire ils rentreront ignorés dans la foule, et qu'après la défaite on jettera leurs corps dans un égout?

Mais pour moi qui ai long-temps conspiré, je vous déclare que je ne conspire plus depuis 1830. La conspiration n'est une œuvre civique que toutes les fois qu'elle s'organise contre une minorité puissante par son organisation, dans l'intérêt d'une majorité immense, mais désorganisée. Le vrai conspirateur est celui qui veut renverser la tyrannie, et non celui qui armerait les citoyens contre les citoyens; il est l'ami et le vengeur de la liberté, et non le fauteur de la guerre civile.

Or, voudriez-vous bien me dire contre qui nous conspirérions aujourd'hui? Contre la monarchie? mais elle ne se soutient que parce que vous ne l'abandonnez pas tout à fait encore, et que vous vous résignez à la subir, crainte d'un état pire qu'elle. Eh bien! qu'avons-nous à faire; nous, jadis conspirateurs contre le droit divin? rien autre chose que de vous soumettre nos idées de régénération, rien que de vous démontrer que trente-deux millions d'hommes, avec leurs deux yeux chacun, y voient plus clair en économie politique qu'un homme seul avec ses deux yeux, enfin rien que de vous amener à conclure que la république étant le gouvernement de tous, avoir peur de la république, ce serait avoir peur de soi-même. Nous, minorité forte de conviction et avancée dans les idées d'avenir mais minorité pauvre et persécutée, nous n'avons pas la prétention de lutter avec un pouvoir qui a de l'or pour organiser, de l'or pour corrompre, mais de l'or que vous lui donnez. Nous parlons à la majorité, nous exposons nos principes dans nos conversations, dans les cachots, à la tribune des accusés, en face du pouvoir même; la perspective des cachots, de la déportation, de la guillotine enfin, rien ne nous arrête dans notre sublime mission! Nous conspirons enfin au grand jour, avec les masses, avec vous qu'on appelle pour nous juger. La loi du code pénal n'avait pas prévu cette nouvelle manière de conspirer; car le code pénal est antérieur à 1830.

Oui, comme en 1830, qui a sanctifié l'insurrection contre le pouvoir, quand le peuple, mais le peuple ENTIER, mais le peuple qui se compose des bourgeois et des prolétaires (ne les divisons pas puisqu'ils sont tous français), quand le peuple croira qu'il est temps de destituer un pouvoir qui usurpe et qui conspire contre sa liberté; oh! alors, magistrats qui tenez à des préjugés d'une autre époque, nous marcherons tous encore contre le pouvoir, opposant nos pavés à ses balles, et le chassant devant nous jusqu'au port de Cherbourg; et le lendemain de la victoire, osez venir ici nous demander nos têtes!

Or, messieurs les jurés, vous ne l'avez pas oublié. En 1833 le pouvoir avait montré une velléité de renouveler les prétentions liberticides du pouvoir déchu en 1830. Sous le prétexte de protéger Paris contre l'invasion étrangère, et au lieu de construire des forts à une distance respectueuse de la capitale, on le voyait tracer ses bastilles aux portes mêmes de nos murs. Un savant du premier ordre,

M. Arago, vous avait démontré, dans un écrit distribué à 100,000 exemplaires, que chaque canon de ces forts détachés portait droit sur le centre de Paris même. La portion patriote de la garde nationale, non pas ces 15,000 gardes nationaux employés et dévoués au pouvoir et à tous les pouvoirs quand même, mais les 80,000 indépendants par position et qui sont à leur tour français quand même, cette portion patriote se rendit à la revue sous l'habit bourgeois, prête à repousser le pouvoir, si le pouvoir n'avait pas reculé de peur devant la manifestation publique.

Et nous, qu'aurions-nous fait dans cette lutte des citoyens contre la monarchie? Nous aurions fait comme en 1830; nous aurions pris les armes du citoyen. Magistrats de Charles X, osez demander au jury qu'en nous condamnant, il condamne 1830!

Mais, messieurs les jurés, furieux de sa défaite, le pouvoir, ce jour-là, avait soif de vengeance. Nous savions, dès la veille, qu'un vaste guet-apens était organisé contre les patriotes; nous savions qu'un coup de pistolet (car bientôt le coup de pistolet sera l'ingrédient obligé de toutes les revues royales) devait être tiré près du 58e de ligne, dont on voulait compromettre les sous-officiers, et auprès duquel le service de la police, qui prend si souvent les allures du hasard, aurait groupé les patriotes les plus purs et les plus intrépides; alors on eût fait main basse sur ces conspirateurs inoffensifs; le lendemain on eût demandé des lois d'exception contre les vaincus, et le juste-milieu aurait eu l'impudeur de chanter victoire.

Le coup de pistolet a eu lieu le 29; il a été tiré, honteux et confus, dans la rue de la Barillerie; le vrai coupable est encore à trouver; et au bout de deux mois de secret, l'instruction s'est vue forcée de relâcher le pauvre jeune homme que la police lui avait livré à sa place.

Nous sommes donc devant vous, messieurs, non pas pour avoir conspiré, mais pour avoir déjoué une conspiration de la police : et l'accusation nous fait un crime d'avoir dit aux patriotes : Un vaste guet-apens est tendu contre votre bravoure; c'est là le mot de cette énigme, qu'on vous a donnée à deviner pendant cinq mois de prévention.

Après avoir dénaturé nos intentions, mutilé et falsifié les pièces, il restait à l'accusation, elle qui est si ardente à prendre des réserves contre le mot qui l'offense, il lui restait la ressource des injures et des diffamations; faut-il que je ramasse ce gant jeté dans la boue?

Ces prolétaires qui, jeunes et vieux, se sont montrés si grands et si généreux sur le banc de la défense, l'acte d'accusation les traite de fainéants qui ne travaillent qu'à regret et, pour ainsi dire, quand la faim les pousse.

Accusateur public, connaissez-vous les principes de l'hygiène? car je ne vous demanderai pas si vous avez jamais éprouvé ces effets de la faim.

Ne savez-vous pas qu'au lieu de pouvoir travailler, c'est alors que les bras leur tombent de faiblesse, que leur tête s'incline sur la poitrine et que le pauvre prolétaire dit à ses enfants qui lui demandent du pain : Cherchez ailleurs, vous n'avez plus de père! (*Sensation profonde.*) Des fainéants! mais venez donc les voir travailler en prison même, et soustraire à leur travail une heure qui vaut de l'or, pour assister aux cours ou aux réunions que l'association leur impose, dans l'intérêt de leur instruction morale et politique.

Et ce jeune Chevé, dont le testament a soulevé d'admiration tout cet auditoire, vous, non content d'incriminer ses intentions politiques, de lui prodiguer les qualifications de fanatique, de séide, d'illuminé, vous descendez jusque dans ses affections les plus chères, parce qu'elles sont les plus sacrées; et lorsque cet intrépide jeune homme, ce philosophe de vingt ans, en face d'une mort qu'il croit prochaine, laisse tomber un dernier regard sur l'enfant qui doit naître, et sur la mère qui le rendit heureux, jeune fille du peuple, intéressante puisqu'elle était aimée, vertueuse puisqu'elle aimait ; ah! par cela seul que le *oui* du contrat, ce stupide *oui*, ce *oui* tant de fois adultère n'a pas été prononcé, vous, M. Persil !!! vous la flétrissez du nom de *concubine !* Honte à une civilisation qui permet au magistrat de pareilles épithètes!

Quant à moi, je ne pouvais manquer d'avoir ma part dans ce débordement d'injures : je ne m'y arrêterai pas long-temps.

Vous me taxez d'hypocrisie en ce que j'ai fait écrire dans les journaux, et pourtant vous avez surpris ma pensée intime dans ma poche; la lettre à Girou était un écrit confidentiel, et elle reproduit plus largement encore ces idées de prudence et de modération auxquelles *le National* et *la Tribune* ont donné une si grande publicité.

Vous me proclamez mauvais citoyen !.... mauvais *sujet*, oui ; mais mauvais citoyen ! scrutez toute ma vie, et citez les faits en face de la France, je vous le permets, je vous somme même de le faire. Accusateur public, consentiriez-vous à subir la même épreuve?

Ambitieux ! moi ! certes mon ambition alors est bien déçue! Depuis trois ans, quatre murs de dix pieds de long, quelques barreaux de fer, un mauvais lit, quelquefois de la paille seule, quelquefois les menottes aux mains, les injures et les attaques de votre police ; enfin après la prison, une liberté pire encore! Ah ! vous ne m'envierez pas, je l'espère, tous ces objets de mon orgueil.

Monsieur Persil ! je ne suis pas payé, moi, pour occuper cette place ; mais si demain on venait à dépouiller la vôtre de ces riches émoluments auxquels, dans la société, vous êtes redevable d'une importance que je n'y ai pas, dites-le moi franchement, demain exerceriez-vous encore le métier d'accusateur public? Entre nous deux, quel est donc le plus ambitieux et le plus mauvais citoyen, je vous prie?

Audience du 20 *décembre.*

PLAIDOIRIE DE Me PINARD.

Me Dupont, avocat de Kersosi, n'étant pas présent à l'ouverture de l'audience, Me Pinard, défenseur de Raspail, commence en ces termes :

Livré depuis trois ans aux rudes épreuves de l'apostolat politique, confesseur de sa foi dans les prisons comme devant les juges, M. Raspail était encore destiné à cette dernière et solennelle protestation.

Qu'a-t-il pu vous dire cependant qu'il ne vous ait déjà dit, ou que n'aient pu vous apprendre plus haut qu'il n'aurait pu le faire lui-même tant de longues et courageuses souffrances ?

Est-ce le secret de ses convictions qu'on voudrait savoir aujourd'hui ? Allez le demander aux prisons de la Force, de la Conciergerie, de Versailles, où l'amour ardent et désintéressé de la science lui promettrait de si nobles dédommagements ?

Elles vous diront aussi comme il faut savoir souffrir pour sa cause, dans ces jours où le vainqueur de la veille n'est jamais assuré d'être le vainqueur du lendemain ; elles vous diront surtout que, pour prix de sa longue captivité, M. Raspail n'a recueilli qu'une sympathie plus tendre pour les misères des hommes, plus de patience, de douceur et de résignation.

Comment se fait-il donc qu'à peine rendu à ses amis, à sa famille, à la liberté, il se soit vu tout d'un coup en proie à deux accusations successives, et jeté sur les bancs comme conspirateur ?

C'est qu'il est certains hommes dont le pouvoir s'effraie, privilégiés pour les taquineries de la police et pour les prisons, et dont le nom semble être un aimant pour les persécutions.

Me Pinard, après quelques considérations sur le complot continue :

Ce sont pourtant d'assez étranges et tristes choses que ces vagues et nébuleuses théories sur les complots, que les lois politiques jetées dans des lois criminelles, que ces instruments de réactions et de vengeance déposés dans nos codes, que ces armes quelquefois meurtrières dont les partis vainqueurs atteignent les partis vaincus.

Aussi voyez quelle douloureuse histoire que celle des conspirations, où tant d'hommes de cœur, sous tous les drapeaux, meurent comme en un jour de fête ; où l'on voit le pur sang de la France couler sur les échafauds, jusqu'à Bories et ses glorieux compagnons, dont le sang fume encore sur la place de Grève.

Alors, comme aujourd'hui, on se répandait en plaintes amères, j'allais dire en calomnies contre la société française ; on faisait appel à vos sévérités, on invoquait cette loi du salut de l'état, la plus monstrueuse des fictions, lorsqu'elle n'est pas la plus éclatante des vérités.

Et c'est ainsi que tombèrent en holocauste, aux applaudissements de l'Europe monarchique, ces jeunes et valeureux soldats, précurseurs intrépides des combattants de 1830, héros morts en martyrs pour une belle cause !

L'avocat signale les singulières ressemblances entre la conspiration de La Rochelle et celle qu'on a rêvée le 27 juillet.

Dans l'une, c'est le carbonarisme ; dans l'autre, la Société des Droits de l'Homme qu'on voulait atteindre.

Peut-on dire que la Société des Droits de l'Homme conspire ?

Le pouvoir se trompe tristement, lorsqu'il voit partout des conspirations et des complots.

C'est le symptôme qu'il prend pour le mal, l'apparence pour la réalité. Ne voit-il pas que la société est en malaise, et qu'elle s'agite sur elle-même comme un malade que la fièvre dévore ?

L'intelligence, le travail, véritable force des nations, ont bien haut et revendiquent leur place; tâchez de les satisfaire. Si vous avez un remède, hâtez-vous, il en est temps, le mal est urgent; et surtout croyez bien que les accusations ne prouvent rien, que les condamnations elles-mêmes prouvent peu de chose, et que le fer tue et ne guérit pas.

Arrivant aux charges particulières à M. Raspail, Me Pinard démontre qu'il n'y avait pas la plus légère apparence de preuves, même avant les débats, et que l'accusation, honteuse d'elle-même et reculant devant son ouvrage, en est réduite à s'excuser pour accuser.

D'abord il cite cette lettre qu'on a mutilée, en donnant un démenti complet aux sentiments de M. Raspail, puis un écrit sur l'organisation des sections, où l'accusé donne des préceptes de modération, de prudence et de moralité, en recommandant surtout de ne s'occuper que de propagande.

Et c'est ici, dit l'avocat, que se révèle l'ame tout entière de M. Raspail.

Pour lui, pas de conspiration, parce qu'on ne conspire plus qu'avec tout le monde, et que cela ne s'appelle conspirer dans le langage d'aucun peuple.

Pour lui, c'est presqu'une folie d'aller jeter la liberté des nations, comme un misérable enjeu, dans des intrigues de police ou dans des coups de main désespérés.

Il ne veut pas faire violence au temps, parce que le temps accorde toujours ce qu'on lui demande, et s'il n'exige pas de l'intelligence humaine une moisson prématurée, c'est pour que la moisson soit plus abondante et plus belle.

Me Pinard discute ensuite tous les faits particuliers à M. Raspail, et termine en ces termes :

Non content d'avoir altéré les pièces, dénaturé les faits, l'accusateur a mieux fait, il a calomnié. Ce ne sont point seulement les actes qu'on a accusés, c'est son caractère moral qu'on a traîné sur la claie, et qu'on voudrait attacher au poteau.

Magistrats du parquet, qui que vous soyez, en agissant ainsi, vous avez oublié vos droits et violé vos devoirs.

Ambitieux! avez-vous dit, et mauvais citoyen!

Ambitieux! c'est ici que l'honnête homme outragé doit secouer de vains ménagements, et peut dire de lui ce que tout le monde en pense.

Ambitieux! ne saviez-vous pas que M. Raspail est doué d'une aptitude éminente, et que le monde savant a déjà marqué sa place parmi ceux dont la science se glorifie.

Ambitieux! Vous auriez pu savoir que cet ambitieux donne l'exemple des vertus domestiques les plus touchantes et les plus rares; que cet ambitieux, stoïcien antique, mange gaiement depuis trois ans le pain de la prison, et qu'il nourrit sa femme et ses enfants de celui que ses geôliers lui permettent de gagner.

Ambitieux! Ah! son ambition est bien haut placée, puisqu'elle a été inaccessible à tant de séductions!

J'aurais voulu taire les secrets de M. Raspail, que sa modestie voulait cacher; mais il faut dire que des offres de toute espèce l'ont trouvé fidèle à ses doctrines comme à sa pauvreté.

N'y a-t-il pas assez de haines parmi nous, et qui donc avait reçu la triste mission de les aigrir et de les envenimer?

Un demi-siècle, bientôt écoulé, de vicissitudes et de fortunes si diverses, aurait-il été pour nous sans résultat, s'il ne nous avait appris la tolérance et le respect pour toutes les opinions consciencieuses.

Gardons-nous de ces accusations banales, armes usées aux mains des partis victorieux.

Les mauvais citoyens, puisqu'on a dit ce mot, sont ceux qui calomnient leur pays, et rêvent entre nous des divisions désormais impossibles.

Le temps, qui marche vite, nous promet un avenir qui sera beau! Pourquoi en serait-il autrement?

La terre de France est assez vaste pour nourrir ses enfants; son soleil assez brillant pour les éclairer tous.

PLAIDOIRIE DE M. DUPONT, AVOCAT DE KERSOSI.

Messieurs, de toutes parts on entend des voix lamentables qui s'élèvent et crient: « Nul pouvoir n'est respecté, l'anarchie s'est emparée des esprits de tous les citoyens. » Les hommes qui parlent ainsi, proclament de tristes vérités, ils constatent des faits saillants pour tous les yeux; mais constater des faits cela ne suffit pas, il faut encore en dire les lois, c'est à dire en signaler les causes.

A toutes les causes de cette anarchie sociale une cause nouvelle vient de s'ajouter. Vous la voyez dans ces tristes débats, qui ont ressemblé à tant d'autres, mais qui ont surpassé les plus scandaleux par leur triste originalité.

Nul pouvoir n'est respecté, dit-on, mais c'est qu'il n'est pas de nos jours un pouvoir qui se pose devant la société avec un caractère non douteux de moralité, ni même avec une apparence hypocrite de dévouement aux intérêts sociaux.

Examinez la moralité de tous les pouvoirs; le plus haut de l'état, comment se présente-t-il à vos yeux? Il faut le dire avec regret, il n'est plus dans nos cités qu'à l'état mesquin de parti politique. Au lieu de se faire le modérateur auguste et éclairé de tous les intérêts, il semble au contraire n'avoir d'autre mission que d'épouser la cause des intérêts matériels, contre d'autres intérêts à la fois matériels et moraux. Il s'est proclamé hautement le protecteur exclusif des intérêts des riches, au lieu de se faire à la fois le protecteur des intérêts des riches et le noble tuteur des souffrances des prolétaires. Enfin, il en est réduit à vivre d'une intrigue odieuse qui consiste à exciter une sorte de guerre civile entre les intérêts les plus matériels et les plus nobles sympathies de l'humanité.

Tous les autres pouvoirs secondaires, sous quelle apparence de moralité et de dévouement se présentent-ils au jugement sévère et éclairé de la cité? N'avez-vous pas entendu naguère une voix s'écrier sans doute avec douleur: « Quel pouvoir, de nos jours, ne s'est pas avili, corrompu, prostitué? » Et vous vous étonnez que les pouvoirs subalternes ne soient pas respectés! Depuis quand donc l'homme respecte-t-il la vénalité, la corruption, la prostitution? Vos pouvoirs ne sont pas respectés! C'est-là une preuve de la haute moralité de nos concitoyens. Ne vous en plaignez pas.

Mais il était un pouvoir en dehors de tous ceux-là, un pouvoir que la loyauté des citoyens aimait à environner de tous les prestiges de la moralité et de l'indépendance : le pouvoir judiciaire! Les peuples anciens avaient placé la justice dans le ciel. Ne semble-t-il pas que de nos jours des mains sacriléges veuillent la faire descendre de son trône céleste pour la jeter déshonorée dans la boue de nos cités! (Mouvement.)

Il y a deux mois, M. le procureur-général, parlant en audience solennelle, est venu dire à la France que les travaux de son parquet étaient des travaux politiques; et deux mois après apparaît cet acte d'accusation que la France a déjà jugé. Faut-il y voir le triste commentaire de la phrase du procureur-général? est-ce là la manière dont il entend les travaux politiques du parquet? Des altérations de faits, des altérations de témoignages écrits, des falsifications de pièces, la supposition inexplicable d'un écrit dans le dossier de Kersosi; la violation du secret des lettres, ou, ce qui n'est pas moins immoral, l'usage de ces lettres violées; l'exhumation de documents jugés depuis plus d'un an dans d'autres procès; la violation du secret des affections les plus intimes; la diffamation, l'injure, la calomnie; voilà les bases de l'acte d'accusation, voilà la base de cet acte que l'on peut regarder, sans se tromper, comme le premier exposé des motifs de la loi future sur les forts détachés.

En présence d'une accusation aussi immorale, vous ne trouverez en nous que modération; pour toute réponse je pourrais dire ces mots qu'un conventionnel célèbre répondait aux injustes attaques de ses ennemis : « Je vous rappelle à la pudeur. » (Mouvement.)

Une pareille accusation en présence de la presse, en présence du jury! Mais l'éditeur responsable de cette accusation avait donc oublié que la presse veille pour dénoncer ses actes, que le jury veille pour les apprécier et les flétrir! Et le procureur-général n'a pas craint de dire que le jury ne faisait pas son devoir! Mais si vous voulez des juges pour condamner dans des accusations aussi immorales, ce ne sont pas des jurés qu'il vous faut; il vous faut des commissaires, des commissaires aux lumières surnaturelles, auxquels vous puissiez dire en les remerciant de leurs services, ce que Richelieu disait aux commissaires qui condamnèrent Marilhac : « Il faut avouer, messieurs, que vous avez eu l'inspiration de lumières surnaturelles! »

Le pays ne doit plus s'étonner d'entendre le pouvoir demander que le jury ne puisse plus ni discuter ni délibérer à haute voix dans le sanctuaire secret où s'élaborent les verdicts. Au pouvoir il faudrait un jury de muets; sans cela il s'élèvera toujours des voix dans le sein du jury pour flétrir de pareilles accusations.

Jusqu'ici il y avait un axiome judiciaire regardé comme aussi sacré que la vérité et la justice, c'est à savoir que le doute est toujours favorable aux accusés. Mais nous sommes en progrès; M. le procureur-général a dit, en audience solennelle : « Dès que le ministère public aperçoit du *doute;* dès qu'il y a, d'après sa conscience, *simple* présomption de délit, le ministère public doit porter plainte et saisir la justice (1). » Eh bien! soit; poursuivez quand il y a doute. Mais ce qu'il y a de terrible, c'est que nous savons comment M. le procureur-général fait naître des doutes pour sa conscience. Avec ces doutes qu'il s'inspire à lui-même en falsifiant les pièces, il emprisonne les citoyens, les retient six mois dans ses cachots, les ruine, les réduit à la misère; avec ces doutes qu'il produit au grand jour comme des vérités, il épouvante le pays en lui présentant des fantômes de complot, en le menaçant de tentatives insensées de loi agraire, en suspendant sur la tête de tous les citoyens les échafauds d'une nouvelle terreur.

On a réveillé dans ce procès tous les souvenirs judiciaires de l'ancienne monarchie, et même du tribunal révolutionnaire.

Sous l'ancien régime, Laubardemont disait : « Donnez-moi deux lignes de l'écriture d'un homme, et je me charge de le faire pendre. » Laubardemont interprétait, torturait le sens des phrases, mais l'histoire ne dit pas qu'il les falsifiât. De nos jours on a surpassé Laubardemont. Laubardemont n'en était qu'au système de l'interprétation; on a inventé la théorie de la castration des pièces. (Sensation.)

Le tribunal révolutionnaire condamnait des citoyens accusés de modérantisme; dans cette enceinte il n'y a pas d'autre crime reproché à Raspail. Vous jugerez Raspail pour un fait de modérantisme!

Enfin, on a dépassé de beaucoup les doctrines des accusateurs de la restauration. Hier Raspail vous a rappelé les sanglants souvenirs du procès de Bories; dans cette affaire, M. Marchangy disait :

« Ce n'est pas comme carbonari que l'on punit les accusés, mais « comme conspirateurs... S'il est vrai que les carbonari ne s'associent « que pour renverser le gouvernement; si leurs statuts, leurs ser- « ments, leurs cotisations, si tout leur régime occulte n'a que ce but « criminel, il en résultera, non pas que tout carbonaro est conspira- « teur, mais que tout carbonaro est en état de disponibilité pour le « fait de conspiration. Nous disons donc que la charbonnerie est une « aptitude à conspirer; dès lors, nous le répétons, le titre de carbo- « naro qui, par lui-même et à lui seul ne sera pas une preuve suffi- « sante pour signaler dans celui qui le porte un conspirateur, sera « cependant contre lui une présomption qui, de là, pourra guider « la justice sur la trace des faits tendant à établir ce qui, aux termes « de la loi, constitue le complot. »

Et l'on n'a pas craint de dire que Raspail, par cela seul qu'il était d'une société ennemie de la monarchie, publiant des doctrines en opposition avec les doctrines monarchiques, était en état de complot légal! Que voulez-vous que je vous dise? L'ombre de Marchangy vous réfute.

Après cela, messieurs les jurés, étonnez-vous qu'aucun pouvoir ne soit respecté! Maintenant vous savez quelques-unes des causes de ce triste phénomène.

Il y a deux choses dans ce procès : des faits et des doctrines. Les faits sont rendus criminels par les opinions des accusés. Il faudra donc

(1) Voir *la Gazette des Tribunaux* du 4 novembre.

examiner les faits et les doctrines. Nous nous placerons loyalement sous le drapeau de la Société, la déclaration des droits de l'homme et du citoyen. Nous prouverons que ses doctrines sont morales, sociales, progressives, seules capables de mettre un terme à nos trop longues agitations politiques.

Voyons la génération des idées de l'accusation.

D'abord, pour appeler la haine sur la tête des accusés on a révoqué dans cette enceinte les ombres de Robespierre et de Marat. La prosopopée vous est apparue avec ses armes les plus violentes ou les plus perfides... Eh bien! quand ce serait Robespierre lui-même et Marat lui-même qui seraient là sur ses bancs, si vous les accusiez d'un complot il faudrait juger leurs actes et non leurs opinions. Osez dire le contraire.

Ce n'est pas tout. Le pouvoir accusateur calomniera ses adversaires, parce qu'il sait qu'il reste toujours quelque chose de la calomnie. Il les appelle ambitieux, gens qui n'ont rien à perdre, ennemis de la propriété, partisans du pillage. Ce langage est habile, car ce sont des propriétaires qui jugent les accusés.

Puis, pour que l'on croie plus facilement à un complot, c'est à dire à une résolution d'agir par la violence, l'acte d'accusation représente la Société des Droits de l'Homme comme un corps organisé militairement; c'est une armée. A l'appui de cette assertion, elle invoque des états d'armements saisis chez M. Petit-Jean; elle invoque également un ordre du jour saisi sur l'élève Rouet, ordre du jour qui, selon l'accusation, prouve l'existence d'une organisation à la fois municipale et militaire, puisque l'on y parle de bataillons et de municipalités.

Mais ce qui prouve surtout la résolution d'agir immédiatement par la violence, c'est la réunion des deux comités jusque-là désunis. C'est le 21 juillet que ces deux comités signent une paix provisoire et résument leurs forces dans un *comité d'action*, dans un comité extraordinaire. L'accusation a dit au pays qu'elle avait entre ses mains des pièces *irrécusables*, qui attestent la création menaçante de ce comité dictatorial.

Il faut maintenant que l'accusation présente ce comité comme s'étant mis à l'œuvre de l'insurrection; et l'acte d'accusation dit au pays : le 26 juillet le *comité d'action* a ordonné la permanence des sections pour le 28 juillet, pour le jour de la revue, et nous en apportons la preuve. La section de Chavot était en permanence chez cet accusé dans le passage du Caire; la section de Lerouge était en permanence sur la place de l'Archevêché, avec la mission de sonner le tocsin et puis de revenir sur les boulevarts où elle devait coopérer à l'abdication forcée du roi. Enfin ce qui confirme encore la preuve de la résolution d'agir, c'est une pièce *visiblement* émanée du comité d'action; c'est l'ordre du jour saisi sur l'accusé Rouet.

Tout cela ne suffit pas encore. La société a une autre organisation que l'acte d'accusation dévoile et qui a été trahi par une pièce saisie au domicile de Kersosi, c'est la pièce intitulée R.... C'est le plan de l'organisation de la société; sous l'art. 1er on lit : But de la société. Art. 2. Sa composition, un commissaire, cinq sous-commissaires, cinq quinturions, cinq décurions, vingt *éclaireurs*.... Art. 4. Tribunal. Art. 6. Serment.... Cette organisation effrayante n'annonce que trop les coupables desseins de ceux qui s'y soumettent; et ce serment exigé des associés, quel est-il? le tribunal appelé à les juger, le connait-on?» (p. 17.)

Ces conjurés avaient prévu le combat, dit l'acte d'accusation, ils avaient un arsenal chez Laurent.

Le chef militaire a été nommé, c'est le capitaine Kersosi. Il était l'ame de la conspiration, il faisait *nécessairement* partie du comité d'action.

Pour soulever le peuple il fallait des orateurs. L'orateur de la société, le futur tribun, on l'a signalé, c'est le poëte Parfait, le *sectionnaire* Parfait! Il a préparé des proclamations insurrectionnelles dès la veille du combat.

La république voulant augmenter ses forces a rallié autour d'elle les partisans nombreux de Louis XVII. Boucher-Lemaître, le plénipotentiaire de la monarchie de Louis XVII, a pactisé avec la République représentée par la Société des Droits de l'Homme.

L'exécution du complot était si imminente, qu'à Sainte-Pélagie les prisonniers de juin en signalaient le jour, l'heure même; que l'un des séides de la Société, Chevé, s'était préparé à la mort en écrivant son testament le 27 juillet!

Mais les habiles du Comité avaient prévu qu'ils ne pourraient avoir des chances de succès, si une collision n'éclatait pas dans les rangs même de la garde nationale. C'était à la condition de cette collision qu'ils soumettaient leur insurrection. Mais il ne s'agissait que de savoir faire naître cette condition favorable, et les habiles du Comité avaient trouvé moyen d'arriver à leur but: « des membres de la Société des Droits de l'Homme étaient chargés de donner du retentissement aux cris: bas A les bastilles! et de propager les protestations pour amener une collision et commencer le combat. En effet, pendant la revue, des groupes de jeunes gens ont été remarqués de distance en distance suivant le cortége et criant: A bas les forts détachés! A bas les bastilles! A bas le roi! » (p. 13.)

Voilà, messieurs, l'analyse exacte de l'acte d'accusation, de sa base et de ses développements. Si tous ces faits sont vrais, il faut nous condamner; vainement nous voudrions argumenter sur le sens de l'art. 89 du code pénal, le complot existerait aux termes de la loi, la résolution d'agir aurait été évidemment concertée et arrêtée pour renverser le gouvernement.

Mais non, il n'est pas dans tout cela un mot de vrai!

Les accusés sont des ambitieux, dites-vous; le jury connaîtra plus tard l'ambition de Raspail, puisse l'ambition de ceux qui nous accusent être aussi noble et aussi incorruptible!

Les accusés sont des fainéans, ennemis du travail, qui veulent s'asseoir à la table des riches; ce sont des êtres immoraux, calomnie! Tous les accusés ont des états, tous travaillent et vivent d'un salaire honorablement gagné! Vous avez pendant cinq mois fouillé leur existence, leurs papiers, leurs secrets domestiques. Voyons, montrez vos preuves d'immoralité; mais vous n'avez rien trouvé que d'honorable pour eux. Combien des hommes qui les accusent en est-il qui pourraient ainsi livrer, sans crainte, le secret intime de leur vie à l'investigation de leurs adversaires?

Vous aviez les circulaires des Comités, y prêche-t-on le pillage, la paresse? on y prêche le travail. « Soyez fiers de ne rien devoir qu'à vous-même; rien n'est doux comme le pain que l'on gagne; le travail ennoblit l'homme autant que la paresse le ravale; méfions-nous des oisifs et donnons à nos camarades et au peuple l'exemple du républicain qui ne veut pas renverser les priviléges pour se mettre à la place des privilégiés.»

Le réglement de la société (art. 8.) ne vous disait-il pas qu'avant d'admettre un citoyen dans les sections, on prend des renseignements sévères sur sa moralité et ses moyens d'existence.

Enfin l'accusation n'avait-elle pas dans le testament de Chevé une preuve de la haute moralité de ce jeune homme et de ses amis? Un cœur si pur, si dévoué aux intérêts de la liberté, ne se lie pas à des cœurs pervers. Le jeune homme qui se préparait à mourir le lendemain pensait-il au pillage du lendemain! Non, il pensait à l'immortalité de son intelligence! C'était la seule récompense, le seul salaire qu'il demandait pour son dévouement! Et vous n'avez pas craint de le calomnier! Pour rendre la calomnie plus facile, vous vous êtes gardé de transcrire dans votre acte d'accusation ce testament, si noblement empreint d'un stoïcisme antique. Au lieu d'admirer, votre esprit étroit et posaïque n'a trouvé dans ce testament *qu'une concubine et un posthume!* (1)

Passons à cette organisation militaire que l'acte d'accusation impute à la Société des Droits de l'Homme. Où sont vos preuves? Les états d'armement saisi chez M. Petit-Jean? M. Petit-Jean n'est-il pas venu vous dire à cette audience: « ces états d'armement me sont personnels; ce n'est pas la Société des Droits de l'Homme qui les a ordonnés; je les avais dressés pour composer un bataillon de patriotes décidés à étouffer la guerre civile dans la Vendée; j'avais même offert au roi les services de ce bataillon, et je rapporte la preuve de ces offres dans une lettre qui m'a été écrite au nom du roi par son premier aide de camp (2). » On lui objecte que quelques-uns de ces états sont postérieurs à juin 1832. Il répond: la duchesse de Berry n'était-elle pas débarquée au commencement du mois de mai? En juin, en juillet n'était-elle pas encore dans la Vendée? ne devait-on pas croire que sa personne allait ranimer le courage de ses chevaliers et raviver plus que jamais le feu de la guerre civile? J'ai donc dû, même après juin 1832, continuer mes recensements que vous appelez des états d'armement. Enfin M. Petit Jean vous dit: ces états sont légalement innocents; ils ont en leur faveur l'autorité de la chose jugée. On aurait voulu m'impliquer dans le fameux procès du coup de pistolet; j'ai été arrêté, tous mes papiers ont été fouillés. L'instruction a porté sur ces états d'armement; la cour royale a apprécié leur

(1) Il engage la mère, sa *concubine*, à faire germer dans le cœur du *posthume* l'amour de la liberté et la haine des rois.

(2) Cette lettre a été produites aux débats.

prétendue culpabilité et les a déclarés innocents. Vous avez donc tort d'exhumer de la poussière de vos greffes des documents jugés depuis plus d'une année.

Le rédacteur de l'acte d'accusation avait même entre ses mains la preuve que ces prétendus états d'armement étaient personnels à M. Petit-Jean; et que la Société des Droits de l'Homme n'avait pas d'organisation militaire. Au dossier de l'accusation il y a un registre saisi chez M. Jeanne, aujourd'hui témoin et naguère membre de la Société des Droits de l'Homme. Ce registre contient les délibérations de la section de M. Jeanne; à la date de janvier l'on trouve (page 5) la mention suivante : « Le citoyen Bouilli a ensuite proposé que tous « les membres de la section se réunissent au moins une fois par se« maine pour s'instruire dans le maniement des armes; et pour fa« ciliter l'exécution de cette proposition, il a offert un local et les « armes nécessaires. Ce qui a été adopté à l'unanimité. » Cette pièce prouve jusqu'à l'évidence que l'apprentissage du maniement des armes n'était pas le droit commun de la Société des Droits de l'Homme. Si les réglements publics ou secrets avaient ordonné cet apprentissage militaire, un sectionnaire n'aurait pas eu besoin de faire une proposition spéciale à cet égard, et la section n'aurait pas adopté à l'unanimité des exercices qui auraient été d'usage commun dans les sections. L'accusation, comme je l'ai déjà dit, avait donc dans les mains la preuve que la Société des Droits de l'Homme n'avait pas une organisation militaire, et cependant l'acte d'accusation ne craint pas d'affirmer un fait démenti par les pièces de l'instruction! Ajoutez à ces raisons la déclaration de M. Jeanne, qui est venu vous dire que le comité blâma la décision prise par cette section, et que la décision ne reçut pas d'exécution; ajoutez que Rouillé, cet espion de police, qui aurait certainement dit tout ce qu'on aurait voulu lui faire dire, avait déclaré depuis environ six mois que sa section et sa série même n'avaient ni armes ni organisation militaire!

Il ne reste plus à l'accusation que cet ordre du jour saisi sur l'élève Rouet et qui parle de bataillons et de municipalités. Attendez un seul instant, et ces bataillons et ces municipalités vont échapper de ses mains! et la preuve sera donnée qu'avec la moindre volonté de réfléchir l'accusation n'aurait jamais pu s'armer de cette pièce contre la *Société des Droits de l'Homme*.

Par une bienveillance spéciale pour cette société, l'accusation a supposé que l'anniversaire des journées de juin devait être solennisé par une insurrection. Cette société avait choisi, dit l'acte d'accusation, (page 3) ces journées pour reprendre une sanglante revanche. Qui l'a dit à l'accusateur? Dans quelle partie, dans quelle phrase, dans quel mot de l'instruction écrite se trouve la preuve, l'indice, le moindre indice de cette supposition? Nulle part, si ce n'est dans l'imagination ennemie du procureur-général!

Mais au moins le 21 juillet, à la veille de l'anniversaire des trois journées, les deux comités ont suspendu leurs rivalités pour unir leurs efforts insurrectionnels! Ils ont abdiqué leurs pouvoirs et les ont résumé dans une dictature militaire qui devait tout dominer, tout inspirer pendant dix jours! Le *Comité d'action*, le *Comité extraordinaire* est là pour prouver la résolution d'agir! Il n'est pas permis d'en douter; M. le procureur-général défend le doute, sur son honneur ! Il a entre les mains une pièce *irrécusable !* (page 8) et cette pièce, véritable arrêt de condamnation pour les conspirateurs, est la base inébranlable de toute l'accusation ! Lisez cette pièce, c'est le concert qui précède l'exécution du complot. Lisez-là, vous allez saisir article par article le traité diplomatique de la conspiration.

Eh bien! alors votre édifice accusateur va tomber, car il pèche par sa base. Votre pièce *irrécusable*, c'est une pièce que l'acte d'accusation a tronquée, châtrée, falsifiée ! Vous faites d'une simple motion un traité définitivement arrêté; et pour arriver à ce but, vous supprimez cette phrase : *Les membres soussignés de la Société des Droits de l'Homme ont fait la motion suivante :* Art. 1er, etc. Vous supprimez cette phrase, et vous vous bornez à donner les articles, en affirmant (page 7) que les commités ont *arrêté les bases d'une alliance momentanée !*

Mais cette falsification ne fût-elle qu'une légèreté, qu'une espèce d'étourderie judiciaire ? Non, évidemment non; la falsification est coupable, car elle n'a pu être faite sans préméditation. En effet, il n'y avait pas d'accusation possible, si cette pièce vous avait manqué, puisqu'elle est la pierre fondamentale de votre édifice ? Et cette pièce vous échappait, si vous l'aviez laissée dans son intégrité, dans sa virginité, si je puis m'exprimer ainsi ! De plus, tous les documents du procès venaient protester contre le sens que vous donniez à cette pièce après l'avoir violée, et cette protestation des faits devait appeler votre attention sur cette pièce si *irrécusable !*

Les faits ne prouvaient-ils pas que les deux comités ne s'étaient point unis? Le comité Lebon n'avait-il pas d'un côté publié un ordre du jour que *le Journal de Paris* du 26 juillet avait révélé ! Et le comité Raspail n'avait-il pas de son côté protesté en quelque sorte contre cet ordre du jour par deux articles publiés le 27 juillet dans *le National* et *la Tribune ?*

Ces ordres du jour avaient-ils entre eux la moindre analogie? Le premier ordonnait formellement la permanence des sections dans les lieux de leurs réunions habituelles; le second, au contraire, conseillait à ses sectionnaires de se répandre comme simples citoyens dans la foule et de joindre leurs vœux à ceux de la portion patriote de la garde nationale. Voici cet ordre du jour du comité Raspail :

Paris, ce 27 juillet 1833.

« Citoyens,

« Nous avons recueilli les avis des hommes les plus braves et les plu « expérimentés; des renseignements nous sont parvenus en grand « nombre; nous avons sévèrement médité sur les chances de la « journée de demain, et la conséquence de cette enquête conscien- « cieuse est que les sectionnaires **DOIVENT REDOUBLER DEMAIN DE** « **PRUDENCE ET DE RÉSIGNATION.**

« Un *vaste guet-apens* est préparé contre notre bravoure, ne rou- « gissons pas de nous y soustraire : l'avenir a besoin de nous.

« Demain les sectionnaires doivent se contenter de se répandre, « comme simples citoyens, dans la foule, et de joindre leurs vœux « à la portion patriote de la garde nationale; *ils auront à se méfier « des agents provocateurs qui vont se multiplier pour ainsi dire sur « la voie publique.*

« Le seul cri permis, c'est *A bas les forts détachés ! A bas les bas- « tilles!* **DANS LE CAS OU ILS PARTIRAIENT DES RANGS DE LA « GARDE NATIONALE.**

« **TOUTE AUTRE EXCLAMATION SERAIT UNE OEUVRE DE LA « POLICE.**

« *Si jamais, et même* si demain, le peuple **ENTIER**, *par un hasard « imprévu*, nous imposait d'autres obligations, chacun de nous, « comme en 1830, ne doit plus écouter que **LES INSPIRATIONS DE « SA CONSCIENCE.**

« Mais ayons bien dans le cœur que le plus grand des crimes con- « siste à se montrer brave aux dépens de la cause sacrée à laquelle « nous nous sommes dévoués pour toujours.

« Salut et fraternité. »

Ainsi tous les faits extérieurs et publics, tous les faits que la procédure vous avait révélés étaient parfaitement d'accord avec le texte même de votre pièce irrécusable, pour vous empêcher de croire à la création d'un comité d'action. Les faits devaient servir à vous faire apercevoir la légèreté avec laquelle vous aviez passé les deux premières lignes du prétendu traité d'insurrection; mais le rédacteur de l'acte d'accusation n'a voulu lire exactement ni les faits ni les écrits.

Les faits et les écrits protestent tellement contre l'existence du prétendu comité d'action, que l'avocat-général, dans son réquisitoire d'audience, a été obligé d'abandonner cette fable, et de replacer l'intention conspiratrice dans chacun des comités; il a soutenu, avec l'acte d'accusation, que de la part du comité Raspail, les articles de *la Tribune* et du *National*, cet ordre du jour lui-même, n'étaient que des actes d'hypocrisie (page 10); ces écrits, dit-il, n'avaient pour but que de servir, en cas de besoin, de moyen de défense aux membres du comité Raspail. Raspail est un hypocrite.

Soit, soupçonnez la sincérité des articles que Raspail fit publier dans *la Tribune* et *le National;* mais comment pouvez-vous soupçonner la sincérité de l'ordre du jour. Il était adressé sous forme de lettre à l'accusé Girou, vous l'avez saisi au domicile de Lacombe, il n'était pas destiné à la publicité, et cependant il contient, dans ses plis destinés au secret, des conseils encore plus formels que les articles de *la Tribune* et du *National*, « redoublez de prudence et de résignation. »

Ainsi le rédacteur de l'acte d'accusation et l'avocat-général ont calomnié Raspail en l'appelant hypocrite; mais c'est qu'il fallait lui supposer de l'hypocrisie pour donner à ses écrits un sens caché autre que le sens apparent, pour pouvoir se servir de ces écrits comme de témoins irrécusables du complot. Il fallait aller plus loin encore pour donner aux articles publiés dans *la Tribune* et *le National* un caractère d'hypocrisie, il fallait altérer l'ordre du jour secret sur lequel on pouvait, si je puis m'exprimer ainsi, collationner le sens moral, l'intention réelle des articles des journaux, et c'est ce que l'acte d'accusation n'a pas oublié de faire! En effet, Raspail avait dit: « soyez prudents et résignés, craignez un guet-apens dressé par la police; contentez-vous d'imiter la portion patriote de la garde nationale.» Voilà les conseils qu'il peut et doit donner aux sectionnaires en sa qualité de membre du comité; puis il a ajouté: « Si jamais, si même demain, le peuple *entier*, par un hasard imprévu, nous imposait d'autres obligations, chacun de nous, comme en 1830, ne doit plus écouter que les inspirations de sa conscience.» Pour tout homme qui sait comprendre, cette phrase veut dire: Je viens de vous parler comme membre du comité, maintenant je vous parle comme homme, comme citoyen. En cette qualité je n'ai pas de conseils à vous donner pour ces cas imprévus et solennels que la conscience seule peut juger, c'est donc votre conscience seule que vous devez consulter, suivez les inspirations de votre conscience. Au lieu de cette phrase innocente, voyez la phrase substituée par le rédacteur de l'acte d'accusation: « Mais si demain le peuple nous imposait d'autres obligations, alors, comme en 1830, nous devons prendre conseil de notre courage.» Pour tout homme qui sait comprendre, cette phrase veut dire: « Nous devons agir, je vous donne le conseil de combattre.» Avec ce sens, cette phrase était, en effet, en opposition avec les articles de *la Tribune* et du *National*, et constituait Raspail en flagrant délit d'hypocrisie. Mais vous voyez, MM. les jurés, combien il a fallu d'hypocrisie pour faire de Raspail un hypocrite!

L'acte d'accusation avait mis au nombre des faits qui prouvaient l'existence et l'action du *comité extraordinaire*, l'ordre du jour pour la permanence des sections, et cependant dans l'instruction écrite il y avait la preuve que cet ordre du jour émanait du comité Lebon; la déposition du témoin Vignerte était formelle. Mais si cet ordre du jour n'émanait pas du comité d'action, tout le complot s'évanouissait; alors le rédacteur de l'acte d'accusation suppose le fait comme s'il était vrai! Raspail avait beau nier, on l'appelait hypocrite!

Aujourd'hui l'avocat-général est obligé de reconnaître que l'ordre de permanence n'émanait pas du *comité d'action* qui n'a jamais existé; il est obligé de le restituer au comité Lebon. Mais il veut rendre Raspail, Kersosi et les autres accusés solidaires du comité Lebon. Acceptons cette position, car elle n'est périlleuse pour personne.

Le comité Lebon n'avait ordonné la permanence des sections « que pour se rendre prêt à tout événement.» Il voulait attendre pour se décider à agir que la garde nationale eût pris l'initiative; « nous devons disait-il, appuyer la garde nationale sans la provoquer.» En résumé, en prenant l'ordre du jour du comité Lebon dans son sens le plus insurrectionnel, la résolution d'agir était *conditionnelle;* en un mot c'était un complot *conditionnel.*

Mais le complot conditionnel est une contradiction à la loi.

D'après l'article 89 du code penal le complot est une résolution d'agir dans le but de renverser le gouvernement; il faut de plus que cette résolution soit *concertée* entre plusieurs personnes ; enfin il ne suffit pas que cette résolution soit *concertée*, il faut encore qu'elle soit *arrêtée*, c'est à dire définitivement prise pour tel jour, pour telle heure, pour telle occasion. Concevez-vous dès lors un complot *conditionnel*, c'est à dire concevez-vous qu'une résolution d'agir soit à la fois *définitivement arrêtée* et cependant soumise à une condition indépendante de la volonté du conspirateur, condition qui viendra peut-être modifier, suspendre ou même annihiler la volonté d'agir ? Cela n'implique-t-il pas contradiction ? Ainsi, lorsque le comité Lebon proclamait, selon l'accusation, qu'il agirait si la garde nationale commençait à se lever, il *concertait* bien une résolution d'agir, mais il ne *l'arrêtait* pas ; car on peut bien *concerter* un projet dans le cas où un événement arrivera, mais on ne peut définitivement *arrêter* le projet que lorsque l'événement se sera accompli, puisque c'est alors seulement que l'unaninimité des conspirateurs peut juger si cet événement se présente avec toutes les conditions désirées pour le succès.

Les accusés n'ont donc rien à craindre de la solidarité que l'on veut aujourd'hui faire peser sur eux.

Mais l'accusation a-t-elle même prouvé que la permanence des sections ait eu réellement lieu avec cette résolution d'agir conditionnelle ? Non.

Une section s'est réunie chez Chavot, passage du Caire ; mais Chavot, Chevé, Boudin, vous disent que c'était une réunion ordinaire ; qu'ils ont l'habitude de se réunir le dimanche, et qu'ils s'étaient réunis comme de coutume. Vous dites que la réunion avait lieu dans un but insurrectionnel ; et les accusés vous demandent : Où donc étaient nos fusils ? nos cartouches ? quoi ! nous allons commencer le combat, et nous n'avons pas d'armes !

Mais le testament de Chevé ne prouve-t-il pas que vous étiez résolus à agir ? Si vous disiez que Chevé avait un fusil, de la poudre et des balles, je pourrais voir là une présomption de la résolution d'agir ; mais depuis quand enfonce-t-on des bataillons avec un chiffon de papier, avec un testament quelque éloquent qu'il soit ? Vous n'avez pas compris le sens de ce testament ; depuis plusieurs jours il n'était bruit que des violences méditées par le pouvoir contre les républicains ; partout ses partisans disaient : Il faut en finir avec la république. Un certain nombre de gardes nationaux et d'officiers affirmaient que, si l'on criait : *A bas les bastilles !* ils exécuteraient sur place les crieurs séditieux. Voilà sous l'empire de quelles menaces Chevé a fait ce testament sublime ; c'est le dernier accent d'un citoyen désarmé, sans défense, qui s'attend à être frappé ; ce n'est pas le dernier mot d'un conspirateur qui va s'insurger et combattre.

La section Lerouge n'était-elle pas en permanence ? n'était-elle pas prête à s'emparer des tours de Notre-Dame, à sonner le tocsin ? N'avait-elle pas la mission d'appeler tout Paris à l'insurrection ?

Pauvre Lerouge ! Lerouge conspirateur !... Certainement Lerouge est un bon fils ; il porte sur sa figure des signes certains qui disent :

Lerouge sera bon époux (On rit.); Lerouge est bon ami, bon ouvrier, bon comédien, excellent Napoléon! mais il n'est pas conspirateur (Rire universel). Sur ce théâtre de la vie on ne peut avoir les qualités de tous les emplois.

Cependant, messieurs, Lerouge est doué d'une grande force d'ame, et c'est cette vigueur de caractère qui le rend très difficile à défendre. La veille du combat, peu lui importent les dangers du lendemain; il fait tranquillement des canons... de seringue! Le jour du combat, au moment de la lutte, il conserve toute sa sérénité d'ame, il joue au bouchon! (Rire universel.) Lerouge est toujours Napoléon; c'est Napoléon endormi profondément sur ce champ de bataille qui le lendemain devait donner son nom à la victoire d'Austerlitz.

Il faut l'avouer, cependant, il manque quelque chose à Lerouge pour être un homme complet, c'est d'être un peu moins sensible. Il pleure quand le recul d'un fusil lui donne un coup sur le nez, il pleure quand on l'arrête.

Et cependant, Lerouge, vous êtes un homme bien difficile à défendre. Vainement vous direz: « Quoi! j'étais sur le point de me battre, et je n'avais pas de fusil! » Cette raison serait bonne dans la bouche de tout autre, mais à vous, l'avocat-général va répondre: « Vous n'aviez pas de fusil, mais c'était dans la crainte de vous casser le nez... » Lerouge, comment voulez-vous que l'on puisse vous défendre? (Ici un rire si général s'empare de l'auditoire, des magistrats, des jurés et même de l'avocat-général, que Me Dupont lui-même ne peut retenir son sérieux; il continue en riant.) Comment donc Lerouge va-t-il combattre? avec quelles armes? Le voyez-vous prenant ses balles dans la poche de son gilet, et les jetant avec la main au nez des soldats de la ligne, ou bien le voyez-vous marchant au combat sans fusil, les mains derrière le dos, toujours comme Napoléon!... Il ne manque en vérité à cette ridicule comédie judiciaire que de nous représenter Lerouge à cheval, avec son petit chapeau, sa redingotte grise, sa longue vue, commandant l'insurrection républicaine. (Le rire devient si universel et si bruyant, que Me Dupont est obligé de s'arrêter un moment.)

Cependant, vous l'avez entendu, M. l'avocat-général a eu le courage de soutenir *sérieusement* l'accusation contre Lerouge! Il vous a dit que Lerouge n'était pas un imbécille....; par honnêteté, je pense comme M. l'avocat-général. Il vous a dit que les débats avaient montré Lerouge comme doué d'une certaine force de caractère et d'une certaine faculté de raisonner; que dès lors les premiers aveux de Lerouge sont tous vrais; que ses rétractations et ses explications sont des inventions dramatiques; qu'enfin il est impossible d'admettre que Lerouge ait jamais pu croire recouvrer plus vite la liberté en s'avouant coupable devant un commissaire de police, d'après les conseils de l'agent Henon... Cependant cette conviction de Lerouge n'a rien d'étrange; elle est dans ses habitudes théâtrales. Cela se passe ainsi presque tous les soirs au théâtre de la Gaîté: qui de nous n'a pas entendu vingt fois la belle voix de M. Marty s'écrier: « Jeune insensé! avoue ton crime, avoue-le, et le pardon du prince descendra sur ta tête! » Et M. de Pixérécourt arrange toujours son drame de manière que M. Marty ne soit pas un menteur. Pourquoi voulez-vous que Lerouge n'ait pas eu confiance dans les paroles de Henon, lorsque Henon parlait comme l'honnête M. Marty ? (Les rires éclatent de nouveau dans tout l'auditoire.)

Voyons le côté sérieux et réel de l'affaire : le commissaire de police Fleuriet vous a dit : « J'ai vu quelques jeunes gens sur la place de l'Archevêché ; un jeune homme est arrivé assez rapidement, il a été entouré un moment par trois jeunes gens, et puis il est reparti avec vitesse. » Le commissaire a ajouté : « Je n'ai attaché aucune importance à ces circonstances, et j'étais bien loin de croire à un complot. » Voilà la vérité ; prenez ces faits : qu'en conclure ?

Mais quelques-uns de ces jeunes gens regardent de travers un ou deux sergents de ville. Le sergent de ville est naturellement susceptible, et les deux agents menacent ces jeunes gens et leur ordonnent de se retirer. Les jeunes gens s'en vont. Il est probable qu'en s'en allant, ils regardent encore de travers messieurs les sergents de ville, et cela se conçoit puisque la police, représentée par ces deux alguazils, vient de troubler une aimable partie de bouchon ; dès lors les sergents de ville deviennent tout à fait féroces et arrêtent les jeunes gens.

Mais quand on a arrêté des citoyens, il faut justifier l'arrestation ; et voilà le sergent de ville Branlard qui a vu sur ces jeunes figures un air de conspirateur ! qui a vu dans une partie de bouchon un conciliabule séditieux ! qui a vu d'abord cinq ou six jeunes gens, puis au moins quinze conspirateurs républicains ! Il a vu aussi ce grand qui est arrivé au galop, c'est un émissaire ! Il a vu les quinze républicains se rassembler autour de ce courrier de sédition ; il a vu cet homme dangereux lire un papier, puis le déchirer, puis en jeter les morceaux ! c'était évidemment l'ordre d'agir... Mais qui a vu tout cela ? Je le répète, l'honnête M. Branlard, M. Branlard tout seul : vite, croyons M. Branlard.

Mais ce M. Branlard était accompagné de l'agent Chevalier et du commissaire Fleuriet ; Chevalier, Fleuriet ont-ils vu lire le papier, déchirer le papier, jeter au vent les morceaux de cet important papier ? Non. Ils étaient peut-être trop loin, plus loin que M. Branlard. Mais au moins M. Branlard a dû leur signaler de suite un fait si important ? Non. Quoi ! lorsque M. Branlard a été pour rechercher et ramasser les morceaux de l'épître insurrectionnelle, il n'a pas engagé M. Fleuriet et l'agent Chevalier à l'aider dans ses recherches ! — Le vent soufflait violemment ; c'était une raison de plus pour que toutes les activités de police se missent à prévenir le vent qui allait faire disparaître les morceaux du papier conspirateur. Non : M. Branlard veut tout faire lui-même sans avertir personne ; c'est un monopole de gloire qu'il se réserve : bien, très bien ! Mais enfin M. Branlard a-t-il trouvé quelque chose ? Eh, mon Dieu ! non ; le vent a tout emporté ; le vent s'est fait le complice de la conspiration.

Si le vent a dispersé les morceaux de papier, il n'a pas enlevé les conspirateurs. M. Branlard et consorts ont arrêté dans des lieux plus ou moins voisins de Notre-Dame les accusés Chevalier, Cornu, Dubois, Bregand, Jacquemain. Mais ces accusés font-ils partie de la Société des Droits de l'Homme ? Non, ils le nient, et rien ne combat leur dénégation. N'importe! sur la foi de M. Branlard, ils seront conspirateurs et compris dans l'acte d'accusation ! Mais à l'audience, l'affirmation de M. Branlard qui leur a trouvé un air conspirateur ne peut suffire pour les ranger parmi les sectionnaires, et voilà la section Lerouge, cette section Lerouge en permanence, la voilà réduite à Lerouge et à Jovard!

Mais qui donc accuse Lerouge et Jovard? qui les compromet tous deux ? Lerouge.

On l'arrête, on le fouille, on trouve sur lui trois ou quatre balles percées et enfilées par un cordon. Ce sont les munitions de la république, dit M. Branlard, et l'on conduit Lerouge chez le commissaire de police Fleuriet.

Là, Lerouge déclare qu'il est depuis huit jours de la Société des Droits de l'Homme. Quand on lui demande que faisiez-vous là? Il répond : «On m'avait dit de stationner là, en attendant les ordres qu'on devait venir nous y donner. On nous avait dit d'être prêts à soutenir la garde nationale, si on l'attaquait, quand elle aurait crié : A bas les forts ! » — D. Qui aurait pu attaquer la garde nationale? — R. On nous avait dit que c'était la ligne qui en avait reçu l'ordre.

Cette première déclaration de Lerouge est simple, acceptable, vraisemblable. Ce sera la vérité même, si l'on veut, et nous l'examinerons comme si c'était la vérité.

Mais quelques minutes après, lorsque l'agent Henon le conduit à la préfecture, Lerouge est subitement saisi d'un besoin moral tout à fait singulier. Il faut absolument qu'il s'accuse. Henon le conduit chez un autre commissaire, M. Gennesson, et là, un procès-verbal est dressé en ces termes :

« Par devant, etc., a été amené, par le sieur Henon, le nommé Lerouge qui a déjà fait une déclaration devant M. Fleuriet, et qui désire en ce moment faire de nouvelles révélations et que nous avons reçues ainsi qu'il suit :

« Je fais partie de la Société des Droits de l'Homme; hier soir, j'ai été prévenu par un membre de cette société, que je ne connais pas, de me trouver aujourd'hui, à huit heures du matin, place de l'Archevêché. Je m'y suis rendu, ainsi qu'une douzaine de jeunes gens de cette même société.

« Vers neuf heures du matin, un chef de cette société, que je ne connais pas, est venu nous remettre la moitié d'une carte blanche, en disant : que celui qui rapporterait l'autre moitié devrait être suivi par nous.

« Que cela serait le signal de nous rendre à la mairie du 9e arrondissement, où au comité dont j'ignore le lieu, pour ensuite se réunir à un grand nombre de gardes nationaux de la 9e légion qui sont de la revue passée par le roi sur le boulevard, et qui devaient s'emparer de sa personne au moment où il passerait devant leur ligne, pour ensuite lui faire signer un acte d'abdication pour lui et sa famille. dans le cas d'un refus de la part du roi, on devait attenter à ses jours;

« J'ai appris qu'un grand nombre d'officiers des 7e et 9e légions de la garde nationale faisaient partie de la Société des Droits de l'Homme, ainsi que plusieurs régiments de la garnison de Paris et des officiers du 58e de ligne.

« On m'a dit que la 9e mairie était le principal lieu de la réunion, et que c'était là qu'on devait délivrer des armes et des munitions.

« C'est à deux heures après-midi que le coup devait avoir son exécution.

« Il doit y avoir une réunion mardi prochain au soir, à 8 heures, dans un petit café, rue du faubourg Saint-Martin, près la caserne de la garde municipale.

« L'ordre était que quand le signal serait donné, les uns monteraient aux tours Notre-Dame pour sonner le tocsin, et les autres se rendraient à la mairie du 9e arrondissement, où à tout autre endroit qui serait indiqué par celui qui rapporterait l'autre moitié de la carte.»

Tout cela est empreint d'un rare parfum d'absurdité. Il paraît que tout le monde était dans la conspiration; c'était un beau complot, en vérité, qui n'a avorté probablement que parce que tout le monde en était. Et l'on a trouvé au parquet des intelligences capables de prendre tout cela au sérieux! Comment personne ne s'est aperçu que tout ce prétendu complot expirait devant une phrase de ce procès-verbal: « Il doit y avoir une réunion mardi prochain, à huit heures du soir, dans un petit café, rue du Faubourg-Saint-Martin, près de la caserne de la garde municipale. » Quoi! les conspirateurs *ont arrêté la résolution* de se trouver le mardi suivant dans ce petit café, et vous avez pu croire à une *résolution d'agir arrêtée* pour le dimanche! Mais s'ils avaient résolu d'agir, ne voyez-vous pas que vainqueurs ou vaincus ils ne devaient pas se réunir le mardi dans le petit café du faubourg Saint-Martin, près de la caserne de la garde municipale? Vaincus, il fallait, même le mardi, fuir et se cacher; vainqueurs, il se seraient assemblés aux Tuileries ou au Palais-Royal, et non dans le petit café du faubourg Saint-Martin... à moins que vous ne pensiez que la victoire et la gloire leur eussent laissé tous leurs goûts modestes, ce qui, entre nous, réfuterait les grandes phrases que vous avez débitées sur l'ambition et la gourmandise des conspirateurs de la Société des Droits de l'Homme.

Cette fameuse phrase aurait suffi pour démentir tout le procès-verbal; mais vous aviez encore la rétractation de Lerouge et les explications qu'il donnait. Il suffisait de lire le procès-verbal rédigé par Henon pour voir de suite que Lerouge disait la vérité lorsqu'il rétractait ses premières dépositions, et qu'il expliquait comment les perfides insinuations de cet homme l'avaient amené par des paroles de terreur et puis par des paroles d'espérance à dicter le fameux roman que vous connaissez. Ecoutez le procès-verbal:

« Après que le procès-verbal qui concernait le sieur Lerouge seulement fut dressé, Lerouge me fut confié pour que je le rendisse à la préfecture de police comme le disait l'ordre d'envoi.

« En route je *questionnai* Lerouge, et *d'après la manière dont je lui avais parlé, il se mit à pleurer.*

« Il me pria, *comme je lui avais assuré le connaître*, de tâcher d'arranger son affaire, en me promettant qu'il ne recommencerait pas.

« Je *l'engageai* donc à me faire connaître quels étaient les chefs de la société, Il me fit verbalement tous les aveux que porte la déclaration qu'il fit chez M. Gennesson, où je l'avais conduit afin qu'il les reçût. »

(*Signé* HENON.)

« En route je questionnai Lerouge. » Ainsi ce n'est pas Lerouge qui a entamé la conversation, ce n'est pas lui qui a donné spontanément sa confiance à l'agent de police. C'est ce que Lerouge a dit dans ses rétractations. « D'après la manière dont je lui ai parlé, il se mit à pleurer. » Ainsi l'agent de police a menacé, intimidé Lerouge, car Lerouge se mit à pleurer. C'est justement ce que dit Lerouge dans ses rétractations.

« Il me pria, comme *j'avais assuré le connaître*, de tâcher d'arranger son affaire. »

Après avoir ébranlé, terrifié Lerouge par des menaces, Henon comprend qu'il est temps de passer à des moyens de séduction qui vont achever de rendre ce pauvre Lerouge aussi souple que pouvait le désirer un agent de police, à desseins profonds. Il lui assure qu'il le connaît, c'est à dire qu'il s'intéresse à lui, qu'il lui veut du bien, qu'il désirerait le sauver de ces dangers dont le simple récit a fait pleurer le pauvre prisonnier. Lerouge est attendri par ces marques d'intérêt, Il prie Henon d'arranger son affaire ! Mais qu'a donc dit Lerouge dans ses rétractations que l'on appelle mensongères? Absolument la même chose. Hénon, dit-il, m'assura qu'il me connaissait beaucoup, qu'il s'intéressait à moi, parce que j'étais *un charmant garçon, un jeune homme charmant.* Comme ce mot est vrai, comme il est naturel ! Lerouge n'est pas capable d'inventer un tel mot, il faut tout le génie d'Henon pour dire à Lerouge : « Vous êtes un charmant garçon, vous êtes un jeune homme charmant. »

Voilà Lerouge séduit, amolli, assoupli : alors Henon entre en matière : « Je l'engageai donc à me faire connaître quels étaient les chefs de la société ; et il me fit verbalement tous les aveux que porte la déclaration. » Henon ne pouvait pas en dire davantage dans son procès-verbal. En bonne conscience, on ne peut exiger qu'il ait écrit : J'ai engagé Lerouge à faire le roman verbalisé par le commissaire de police Genesson. C'est bien assez qu'il ait dit confidentiellement à Lerouge : « Dites telle et telle chose ; ces aveux vous serviront, ils serviront aussi à mon avancement. » Il ne pouvait constater cette innocente conversation dans son procès-verbal, mais il l'a presque avouée aux débats ; n'a-t-il pas dit qu'il avait désiré ardemment une place sur un port ? C'est là cet avancement dont il parlait à Lerouge et que Lerouge avait signalé avant la déposition orale d'Henon.

Quoi ! M. Henon, vous n'avez engagé Lerouge qu'à vous faire connaître les noms des chefs, et Lerouge vous a raconté spontanément tous les crimes politiques qu'il avait mission de commettre ! Lerouge, il faut l'avouer, est un *charmant garçon.* Quoi ! vous ne lui avez pas *quasi* dit de faire une déclaration aussi détaillée ! Allons, M. Henon, un peu de franchise... Vous vous taisez... mais tout le monde a compris votre silence embarrassé; vos regards qui n'osaient se lever sur Lerouge, lorsqu'il vous donnait des démentis formels, ont trahi vos mensonges. Allons, M. Henon, vous n'êtes pas encore homme complet, il faut travailler et vous former.

Pourquoi donc Henon, à l'audience, a-t-il nié formellement avoir dit à Lerouge : Je vous connais beaucoup? C'est qu'Henon sentait bien toute la portée de l'insinuation mensongère qu'il avait faite à Lerouge dans le trajet vers la préfecture de police.

Lerouge a déposé *spontanément*, sans la moindre interrogation, devant le commissaire Genesson ! Donc Lerouge avait été séduit, pratiqué, embauché, trompé par Henon avant d'arriver chez le commissaire.

Il y a de ces choses qui se sentent, se devinent plus encore qu'elles ne se prouvent et se démontrent.

Il faut donc que l'accusation renonce à tous les grands avantages qu'elle se promettait de la seconde déclaration de Lerouge, et il ne lui reste plus que la première. Mais elle rentre, en la prenant dans son sens le plus hostile aux accusés, dans l'idée du complot *conditionnel* que j'ai réfuté il y a quelques instants. Ainsi cette première déclaration ne peut prouver contre les vingt-sept accusés un complot, c'est à dire une résolution d'agir concertée et arrêtée.

Cette déclaration de Lerouge ne fait d'ailleurs qu'énoncer un fait dont tous les patriotes ont été coupables le 28 juillet. MM. Marrast, Cavaignac, Carrel, ne vous ont-ils pas rappelé que les bruits les plus alarmants couraient dans Paris depuis quelques jours? ne vous ont-ils pas dit que l'on s'attendait à voir attaquer la portion non ministérielle de la garde nationale, qui devait crier : A bas les forts détachés! ne vous ont-ils pas dit que les patriotes parisiens s'attendaient, dans ce cas, à ne pas rester spectateurs oisifs des brutales attaques des hommes du pouvoir?

Mais, dit l'avocat-général, quel garde national pouvait croire que les forts détachés fussent des bastilles menaçantes pour Paris? dès-lors quel garde national pouvait crier : A bas les bastilles! — Ces forts, dites-vous, sont seulement destinés à protéger notre capitale contre l'invasion étrangère; pourquoi donc alors le canon de la plupart de ces forts peut-il foudroyer nos principales rues? Etait-ce pour protéger Marseille contre les attaques de l'ennemi que Louis XIV fit bâtir ce fort Saint-Jean, sur lequel il eut l'impudence de faire graver cette inscription : « Louis-le-Grand construisit cette forteresse pour empêcher les Marseillais de se livrer à des désirs de liberté. » Nous ne devons rien craindre pour notre liberté, dites-vous; mais votre roi ne se dit-il pas le petit-fils de Louis XIV?

La permanence des sections, ce fantôme si dangereux, le voilà dépouillé de tous les caractères de criminalité dont l'acte d'accusation s'était complu à le parer.

Mais le *comité d'action*, ou bien le comité Lebon, ou bien encore le comité Raspail, avait évidemment à ses ordres des bataillons, des municipalités. La preuve n'est-elle pas écrite dans l'ordre du jour saisi sur l'élève Rouet? Cet ordre du jour n'émanait-il pas *visiblement* de la Société des Droits de l'Homme?

Tout, dans l'instruction écrite, prouvait au contraire que cette organisation, si elle existe, était étrangère à la société; mais il fallait bien que l'acte d'accusation la rattachât à la société, pour pouvoir lier les élèves de l'Ecole polytechnique au prétendu complot de Kersosi et de Raspail.

Les habiles défenseurs des élèves de l'Ecole polytechnique examineront et débattront l'importance du chiffon de papier trouvé sur Rouet; mais ce que je dois faire, c'est de vous établir que ce chiffon de papier ne peut se rapporter en aucune manière à la Société des Droits de l'Homme.

En effet, cette société ne connaît d'autre division que celle par *séries* et par *sections*. Le mot bataillon est inconnu dans son organisation.

Le bataillon suppose une organisation armée. J'ai prouvé jusque à l'évidence que la Société des Droits de l'Homme n'avait pas d'organisation militaire.

Enfin le nom de conseil supérieur est également inconnu dans la société; et de plus ce nom ne pouvait s'appliquer, comme le voulait l'acte d'accusation, au fameux comité d'action.

En effet, que dit l'article 3 de ce prétendu ordre du jour : «Le conseil supérieur s'est mis en rapport avec les comités des sections. » Mais le comité d'action devait être formé de quatre membres, deux pris dans chaque comité (art. 3 du papier saisi chez Kersosi); dès lors ce comité d'action absorbait presque entièrement le comité Raspail qui n'était composé que de trois membres. Comment voudrait-on que ce *comité d'action*, s'il était identique avec le *conseil supérieur*, se mît en rapport avec les deux comités, dont l'un n'existait plus, à proprement parler? Il faut donc reconnaître qu'il n'y avait aucune identité entre le prétendu *conseil supérieur* et le prétendu *comité d'action*.

Si le conseil supérieur dont parle l'ordre du jour saisi chez Rouet dépend d'une organisation différente de la Société des Droits de l'Homme, ce fait reconnu; isole tout à fait de cette société les quatre élèves de l'Ecole polytechnique, et fait de leur affaire une affaire à part, qui devra être plaidée et jugée à part.

Ici j'ajouterai une réflexion qui ne manque pas de gravité. Si ce prétendu conseil supérieur est isolé de la Société des Droits de l'Homme, qu'importerait qu'il se fût mis en rapport avec les deux comités? Acceptons même cette hypothèse; elle tend à prouver l'innocence de tous. Si le conseil supérieur s'est mis en rapport avec le comité Raspail, le comité Raspail lui a dit : « Redoublez de prudence et de résignation. » Il lui a évidemment parlé le même langage qu'à ses sectionnaires. Dès lors ce ne sont pas les rapports que ce prétendu conseil supérieur aurait eus avec le comité Raspail qui les auraient rendus plus coupables; au contraire, car l'ordre du jour porte (art. 3) que le conseil supérieur se concertera avec les comités; et s'il s'est concerté avec le comité Raspail, il a dû renoncer à toute résolution d'agir en supposant qu'il eût pris cette résolution avant de s'être concerté avec la Société des Droits de l'Homme. Cela est évident.

Ce prétendu conseil supérieur s'est-il mis en rapport avec le comité Lebon? Alors le comité Lebon lui aura répondu ce qu'il avait dit à ses sectionaires : « Restez en permanence, tenez vous prêts à tout événement ; mais n'agissez pas si la garde nationale ne se lève pas la première. » Et si le conseil supérieur a accepté les avis du comité Lebon, le conseil se trouverait dans l'hypothèse du complot conditionnel, c'est à dire hors de la portée de toute accusation.

Ainsi toutes les hypothèses que pourra épuiser l'accusation sur les prétendus rapports de ce conseil supérieur avec l'un ou l'autre comité, ne pourront rien ajouter au complot, car elles ne feront pas qu'il y ait à la charge des accusés une résolution d'agir convertie et définitivement arrêtée.

Mais l'arsenal chez Laurent! Qui de la Société des Droits de l'Homme connaît Laurent? Où donc y a-t-il dans l'instruction ou dans les débats de l'audience le moindre indice de relation entre la société et Laurent? et avant tout, où donc était ce prétendu arsenal? quelques balles fondues! Mais pas une cartouche, même la veille de l'insurrection! Pas un fusil en état ou susceptible d'être mis rapidement en état!

Toutes ces organisations secrètes, tous ces faits habilement groupés échappent à l'accusation; mais elle avait prévu tout cela, à ce qu'il paraît, car elle avait une organisation de rechange toute prête à remplacer le complot démoli : c'est la fameuse organisation connue sous le nom de pièce R...

Cette pièce, qui n'est évidemment qu'une organisation secrète à l'état de simple projet, n'aurait d'importance qu'autant qu'elle aurait été saisie chez Kersosi, et qu'elle pourrait ainsi se rattacher à la Société des Droits de l'Homme et au complot permanent de cette société. Le rédacteur de l'acte d'accusation l'a si bien senti, qu'il affirme (p. 17) que cette pièce a été saisie chez Kersosi. Le rédacteur de l'acte d'accusation est véritablement malheureux dans ses affirmations ; elles se trouvent toujours démenties par quelque pièce de la procédure. Ici les procès-verbaux des papiers saisis chez Kersosi, et l'analyse que le juge d'instruction a fait de ces pièces mises sous le scellé, donnent le démenti le plus complet à l'acte d'accusation. Avant hier M. le président a été obligé de reconnaître que rien n'indiquait que cette pièce avait été saisie chez Kersosi... Mais maintenant Kersosi demande par ma voix comment M. le procureur-général a pu prendre sur lui d'affirmer un fait aussi grave? M. le procureur-général accuse-t-il donc sans lire la procédure, et comme d'inspiration? Kersosi demande encore par quelle inexplicable fatalité cette pièce R..., non saisie chez lui, se trouve dans son dossier? comme elle se trouve liée et confondue avec les pièces saisies à son domicile? Voilà ce que Kersosi désirerait bien qu'on lui expliquât, et moi aussi, je le désirerais.

Mais supposons que cette pièce, dite infernale, ait été saisie chez Kersosi, que prouve-t-elle? une résolution d'agir définitivement arrêtée? Nullement. Ce serait un simple plan d'une organisation nouvelle, mais non le programme d'un complot prêt à éclater ; et cette organisation serait bien loin d'être un complot légal, car le dernier article viendrait réfuter par son propre texte toutes les amplifications réquisitoriales; il est ainsi conçu : « Sortie de la société. » Concevez-vous un complot d'où l'on sort comme l'on veut. Voyez-vous Kersosi proposant à un homme d'entrer dans un complot, et pour être plus sûr de l'embaucher, lui disant : « Vous pouvez entrer sans inconvénient dans ma conspiration, on en sort quand on veut, entre nous, nous ne nous gênons pas. » Voilà ces complots, n'est-ce pas une absurde rêverie? Dans un complot sérieux on y entre vivant, mais on n'en sort que poignardé.

Ainsi l'organisation du complot de rechange échappe encore à l'accusateur de la Société des Droits de l'Homme.

Voyons si les autres hypothèses de l'accusation seront plus heureuses.

M. le procureur-général avait trouvé un orateur pour la société, car la société ne pouvait se passer d'un tribun ; mais Parfait ne veut pas accepter le rôle qu'il plaît a M. le procureur-général de lui faire jouer dans la comédie judiciaire; il proteste... mais il proteste en vain. Il sera, bon gré malgré, l'orateur de l'insurrection, et cependant l'instruction écrite disait : Parfait n'appartient pas à la Société des Droits de l'Homme. » Dès-lors l'instruction disait aussi : Les discours de Parfait, les proclamations de Parfait, quelque déchirées qu'elles soient, ne peuvent se rattacher au complot de la Société des Droits de l'Homme et servir de preuve à l'existence de ce complot. L'instruction écrite proteste en vain; M. le procureur-général passera outre.

Le génie du rédacteur de l'acte d'accusation avait sans doute prévu que la position la plus désavantageuse où la société pourrait se trouver placée, ce serait la position d'un complot *conditionnel*, c'est à dire la position d'un complot qui ne serait pas un complot. Mais il était, pour cet habile rédacteur, un moyen de parer en quelque sorte à ce péril de l'accusation : c'était de montrer la société n'attendant pas un cas fortuit de collision qui naîtrait au sein même de la garde nationale, mais faisant tous ses efforts pour que la collision dût nécessairement commencer; envoyant des groupes de jeunes gens chargés du mandat spécial de provoquer à la collision par les cris : A bas les bastilles ! A bas le roi !

Ce nouveau point de vue n'eût pas montré une grande profondeur de génie dans le rédacteur de l'acte d'accusation, si le fait avait été prouvé ou seulement rendu probable par l'instruction écrite ; mais ce point de vue est d'une habileté extrême, puisque l'instruction écrite n'a pu lui servir de base, puisqu'il est entièrement de l'invention de l'accusateur ; puisque l'une des pièces écrites de la main de Raspail venait même donner un démenti à cette belle hypothèse; je veux parler de cette lettre confidentielle adressée à l'accusé Giron et saisie chez l'accusé Lacombe. Je vous engage, messieurs, à la relire dans la chambre de vos délibérations... et puis vous serez plus heureux que moi si vous pouvez accorder les conseils non hypocrites de cette lettre destinée au secret et les suppositions si ingénieuses de M. le procureur-général.

Mais la défense aura beau faire, la Société des Droits de l'Homme avait arrêté la résolution d'agir ; car deux sectionnaires, Vangarner et Bonjour, ont, dans la soirée du 27, fondu des balles pour le combat du 28.

Ceci est grave, très grave en vérité. Mais quels sont vos témoins ?... Vous n'en avez qu'un ! mais c'est sans doute un parfait honnête homme ? — Sans nul doute. — Mais il est le frère d'un mouchard que la police de M. Delavau a chassé de son sein, comme un misérable, pour de fausses dénonciations. — Qu'importe la faute du frère ? Est-ce une raison pour que Lefort soit un faux dénonciateur ? — Cela est vrai ; cependant je me défie un peu de lui ; car c'est sur les conseils de son frère qu'il a fait sa dénonciation. — Vous diffamez le témoin. — Dieu m'en garde ! mais enfin qu'a-t-il vu votre témoin? Cet honnête homme a vu Vangarner acheter une livre de plomb chez un férailleur. Le férailleur est venu à l'audience et vous a dit : Je vends très peu de plomb et jamais il ne m'est arrivé d'en vendre une livre à la fois. Lefort est donc... — Non, c'est le férailleur qui est un témoin complaisant. — Allons, soit ; mais à quelle heure Bonjour et Vangarner ont-ils fondu ces balles en présence de Lefort? Lefort n'a-t-il pas dit : Depuis 4 heures jusque à 8 heures ? mais les témoins Salarié et Bremont n'ont-ils pas été plusieurs fois chez Bonjour pendant cet intervalle de temps ? n'ont-ils pas affirmé qu'ils n'avaient vu que Bonjour seul dans l'atelier où Lefort dit que les balles ont été fondues en sa présence ? n'ont-ils pas affirmé que dans cet atelier ils n'avaient vu ni Vangarner ni Lefort ? — Ce sont encore des témoins complaisants. — Soit : mais combien Vangarner et Bonjour avaient-ils fondu de balles avec cette livre de plomb ? Lefort n'a-t-il pas répondu : vingt-deux balles, et même vingt-deux balles plus grosses que celles du calibre ordinaire ?.... Mais avec une livre de plomb on ne peut fabriquer que seize balles du calibre ordinaire ! ... Ah ! je n'y puis plus tenir ; votre Lefort est un faux témoin comme son frère. Il est pris sur le fait. Allons, encore un inspiré de la police dévoilé, mis à nu ; allons, il faut le placer comme Rouillé, car il n'est plus bon à rien, c'est un homme usé... ou plutôt si M. Gisquet a quelque pudeur, s'il n'est pas plus déhonté que M. Delavau, Lefort est un misérable qu'il faut ignominieusement chasser comme la police de la restauration chassa son frère aîné.

Enfin la série des preuves de l'accusation se terminait dignement par la supposition d'une alliance offensive entre la république et Louis XVII. Tout ce que je puis vous dire, c'est que la Société des Droits de l'Homme a repoussé toute alliance avec les Bonaparte, et ce n'était certainement pas pour se mettre plus tard aux ordres de Louis dix-septième du nom. Dans une section on avait proposé une alliance avec les bonapartistes, et la proposition avait été acceptée par la majorité. Dès que le comité apprit cette étrange délibération, il prononça la dissolution de la section. (1)

---

(1) « Considérant que la Société des Droits de l'Homme et du Citoyen ne reconnaît de droits au pouvoir qu'à ceux qui ont mérité les suffrages publics, par leur moralité, leur patriotisme et leurs talents ;

« Que le pouvoir est la propriété du peuple et ne peut jamais devenir celle d'une famille ;

« Que le nom de Bonaparte rappelle l'anéantissement de la liberté, la persé-

Ainsi s'est écroulé tout le grand échafaudage de la conspiration des vingt-sept. J'ai balayé comme une poussière immonde toutes ces falsifications, ces suppositions de témoignages, ces suppositions de faits qui avaient été nécessaires pour bâtir une accusation quelque peu redoutable. Que reste-t-il donc à ceux qui ont accusé vingt-sept citoyens et les ont détenus pendant cinq mois dans les cachots? l'excuse de la bonne foi? Non, certainement, non.

Puisque j'ai détruit l'accusation dans sa base générale et dans les faits qui lui servaient d'auxiliaires, je n'aurais pas besoin de m'occuper de Kersosi, si l'acte d'accusation, après avoir diffamé et ca-

---

cution des patriotes, la réinstallation de la noblesse et du clergé, la création des priviléges, des monopoles et de toutes ces institutions aristocratiques qui témoignent encore des coupables intentions de l'empire;

« Que Napoléon détourna, dans des vues de célébrité et dans des intérêts de famille, le grand mouvement révolutionnaire qui devait affranchir l'humanité;

« Que ses guerres si dispendieuses et si sanglantes n'eurent pour résultat que l'invasion de notre patrie, funeste preuve de la désaffection et de l'épuisement du peuple français;

« Que les débris de la famille Bonaparte ont tous participé aux exactions et au despotisme de l'empire, et que ses rejetons, en réveillant en France quelques serviles sympathies, ne pourraient devenir qu'une nouvelle occasion d'intrigues, de discorde et d'anarchie;

« Que l'expérience du passé prouve que le peuple, toujours dupe de ses chefs, ne doit plus espérer qu'en son courage et sa persévérance pour triompher des factions gouvernementales et ressaisir sa souveraineté;

« Que la Société des Droits de l'Homme et du Citoyen, sentinelle avancée du peuple, considère comme également opposés à ses intérêts, tous les partis qui se disputent le pouvoir, qu'elle ne peut leur servir de marchepied, et qu'elle est et ne veut rester qu'au service du peuple qui gémit dans la servitude, la misère et l'ignorance;

« Qu'elle ne peut souffrir qu'aucun de ses membres porte atteinte à ses lois fondamentales;

« Qu'en fait, une alliance avec les bonapartistes comme avec les carlistes serait funeste à notre cause; qu'en principe, c'est un acte immoral;

« Considérant que les auteurs de cette proposition ont, par ce seul fait, violé tous les principes de la société et fait outrage à ses sentiments;

« Qu'en la laissant discuter, le chef de section a méconnu l'article 10 du réglement des sections qui défend toute délibération sur des questions étrangères au but de la société, but expliqué par le préambule du réglement et dans la déclaration des droits acceptés par tous les sectionnaires;

« Qu'enfin la proposition a été adoptée à la majorité des voix malgré les courageuses protestations de la minorité.

« Considérant que la responsabilité de l'organisation et de la prospérité de la société pèse tout entière sur le comité;

« Qu'elle serait gravement compromise s'il ne prenait des mesures promptes et énergiques contre le retour d'un pareil scandale;

» Que d'ailleurs, par son origine, il est autorisé à se croire l'interprète des vœux et des sentiments de tous les membres de la société.

Le comité, à l'unanimité, arrête ce qui suit:

La section d Victoires est dissoute, etc.

lomnié! Raspail en le traitant d'hypocrite et d'ambitieux, n'avait aussi diffamé et calomnié Kersosi, en le représentant comme un carliste. Ne suffisait-il pas au procureur-général de prendre Kersosi comme chef de la conspiration, par la seule raison qui lui fallait un chef et qu'il n'en a pas trouvé d'autre sous sa main? Ne lui suffisait-il pas d'affirmer sans preuve que Kersosi était membre du terrible comité d'action, par ces mots qui resteront fameux : « *Il en était nécessairement?* » Ne suffisait-il pas au procureur-général d'inventer un mauvais discours et de le mettre dans la bouche de Kersosi? Fallait-il encore chercher à le déshonorer aux yeux de ses amis; le présenter, lui connu depuis si long-temps pour ses sentiments patriotiques, comme un homme qui venait d'abjurer ses opinions pour servir la cause des princes que la France a proscrits? Mais où donc le procureur-général avait-il pris ses renseignements? Dans les égouts de la police ou dans son imagination?... N'était-il pas plus loyal de les prendre au ministère de la guerre? Là on lui aurait dit : A la première nouvelle des ordonnances juillet, avant que le succès de l'insurrection parisienne fût même soupçonné à Pontivy, dans le fonds du Morbihan, Kersosi souleva tout le quatrième régiment de hussards au cri de vive la liberté; on lui aurait dit que Kersosi marcha aussitôt sur Vannes où il enleva un régiment de ligne, que certains officiers supérieurs auraient peut-être rallié au camp des chouans; On lui aurait dit que c'est à Kersosi que l'on doit aussi, dans les premiers mois de la révolution, la tranquilité de ces provinces où vivait et vit encore une forte organisation de chouannerie. On lui aurait dit que Kersosi mérita par son courage et son patriotisme d'être proposé au grade de chef d'escadron, et qu'il mérita aussi la disgrâce du pouvoir par son inflexibilité républicaine. On lui aurait dit que Kersosi mérita la haine et les diffamations des officiers supérieurs carlistes, et qu'il donna sa démission pour ne plus servir sous de tels hommes qui se mettaient à une nouvelle besogne de dévouement pour la dynastie nouvelle.

On vous aurait dit, M. le procureur-général, que Kersosi avait été plus tard demandé comme aide-de-camp par le général Brayer; qu'il avait reçu, en cette qualité, une lettre de service; mais que quinze jours après, le roi, le roi lui-même, qui connaissait depuis longtemps les opinions républicaines du nouvel aide-de-camp, avait donné l'ordre formel de le rappeler.

Tous ces renseignements auraient suffi, je pense, pour préserver Kersosi de la calomnie que l'on a voulu attacher à son nom.

Monsieur le procureur-général avait-il donc besoin, pour savoir ces choses, de recourir au ministère de la guerre?... Non, il devait les savoir comme député. Le 29 janvier 1832, la tribune avait retenti de la discussion d'une pétition où Kersosi avait dénoncé l'injustice commise à son égard et signalé les titres que son patriotisme lui avait donné le droit de produire. M. de Ludre avait lu à la tribune un acte d'association entre les habitants de Pontivy et le quatrième régiment de hussards contre l'élévation du duc de Bordeaux au trône de France. Cet acte d'association était l'ouvrage de Kersosi. Monsieur le procureur-général avait perdu, à ce qu'il paraît, sa mémoire de député, lorsqu'il ne craignit pas de dire : Kersosi est un carliste.

Je vous dirai encore : Kersosi est persécuté pour ses opinions républicaines. Vainement, lors de son inconcevable rappel, demanda-t-il une audience au ministre; le ministre le renvoya au roi, puis le roi le renvoya au duc d'Orléans; et le duc d'Orléans eut l'innocence de lui dire : « Vous êtes trop populaire dans votre régiment, on ne peut vous y replacer. » Kersosi eut de son côté la simplicité d'être un moment étonné de ces paroles, mais il se remit bien vite et répondit au prince : Je ne veux rentrer au service que dans mon régiment. Au premier signal de guerre j'y rentrerai, fût-ce comme simple soldat, et j'espère reconquérir mon grade à la pointe de mon sabre. Que la guerre menace le pays, Kersosi tiendra sa parole. C'est volontiers qu'il redeviendra soldat pour servir la France et la liberté. Déjà dans sa famille Latour d'Auvergne avait donné l'exemple d'un capitaine redevenu soldat! et ce soldat mérita le titre de premier grenadier français.

En définitive pour quelle raison a-t-on voulu que Kersosi appartînt à une conspiration? Qu'a-t-on trouvé chez lui? Des armes? Non, ses armes étaient depuis long-temps restées à la campagne de M. Sentis... Mais on a trouvé chez lui un parapluie! C'est la seule arme de ce terrible conspirateur! Quel est donc son crime? D'autres élèvent autel contre autel, drapeau contre drapeau; le crime de Kersosi sera-t-il donc, par hasard, d'avoir élevé parapluie contre parapluie? (Rire général.)

Me Dupont arrive ensuite à l'examen du but et des doctrines de la Société des Droits de l'Homme.

On attaque le caractère secret de la Société des Droits de l'Homme, attaque bien injuste, car on a fait cette société coupable d'une nécessité qu'elle subit malgré elle. Si son organisation est secrète et fractionnée, c'est que votre loi lui défend la publicité, et l'empêche d'avoir un caractère collectif. N'avez-vous pas déjà proscrit la publicité de la Société des Amis du Peuple? Vous êtes donc injustes quand vous attaquez le caractère secret de la Société des Droits de l'Homme; si elle se livrait à la publicité, vous diriez : c'est un club; si elle subit le secret, vous dites : C'est une conspiration!

Par ma voix, la Société des Droits de l'Homme vous demande la publicité; faites une loi qui permette à cette société de se réunir sous les yeux du public, tous ses actes alors pourront être jugés par l'opinion.

Ici Me Dupont établit que le caractère de la société est uniquement un caractère de propagande républicaine, qu'elle n'est point une organisation militaire; il rappelle qu'il y a aux pièces un procès-verbal d'une séance de section, dans laquelle un membre proposa à cette section d'apprendre le maniement des armes, ce qui s'élève évidemment contre le caractère militaire de la société; car on n'eût pas fait cette proposition dans cette section, si l'apprentissage des armes et l'organisation militaire eussent été le droit commun de la société. Il continue en ces termes :

Je dois vous dire, messieurs, l'origine de la Société des Droits de l'Homme. Avant et pendant ce procès, on a cherché à soulever de vastes haines contre la société; on a inscrit malgré elle sur son drapeau : « Pillage et loi agraire. » Peut-être cet exposé aura-t-il pour résultat d'appaiser d'injustes préventions, de calmer des haines aveugles.

Chaque siècle ou chaque époque a rempli une mission dans le développement progressif de l'humanité; le dix-neuxième siècle a sa mission à remplir, et il me semble que la Société des Droits de l'Homme a parfaitement senti le caractère de cette sainte mission.

Ainsi l'antiquité avait des esclaves et des hommes libres : le platonicisme, traduit en religion positive sous le nom de christianisme, a émancipé les esclaves. Ils n'étaient que des choses, ils sont devenus des hommes.

Le moyen âge avait des serfs et des seigneurs, le christianisme ou plutôt l'industrie ont affranchi les serfs.

Le dix-huitième siècle avait encore des nobles et des roturiers, la philosophie du dix-huitième siècle a rabaissé le noble au rang du bourgeois.

Le dix-neuvième, je le répète, à une mission à remplir, c'est l'affranchissement moral et politique des prolétaires. Il doit aussi chercher à calmer leurs souffrances, à améliorer leur sort matériel.

Cette noble tâche devrait être celle des gouvernants. En 1830, on crut qu'il en serait ainsi, lorsque le gouvernement provisoire proclama ces mots en présence des prolétaires victorieux : « Les vertus sont dans toutes les classes, toutes les classes ont les mêmes droits, ces droits seront assurés. »

Ces promesses ont été oubliées, trahies mêmes; lors des évènements de Lyon, le gouvernement fit dire par ses journaux ces mots impies : « Les ouvriers sont des barbares, qui menacent d'envahir nos cités comme les Barbares ont envahi l'empire romain. » En 1833, on est coupable, aux yeux de M. Persil, pour rappeler aux prolétaires qu'ils *sont hommes comme les riches* (1).

Abandonnés par les classes riches et le gouvernement, les prolétaires durent en appeler à eux-mêmes. Ils s'associèrent pour s'instruire de leurs droits, pour se demander s'ils étaient hommes, s'ils étaient citoyens; ils s'associèrent pour réclamer la consécration de leurs titres d'homme et de citoyen. L'association, comme vous le voyez, doit être attribuée aux fautes du gouvernement et à l'oubli impardonnable des intérêts de la classe la plus nombreuse et la plus souffrante.

Des hommes plus riches, des écrivains, des avocats, sympathiques pour toutes les idées grandes et généreuses, se joignirent aux prolétaires, pour les aider dans la noble conquête de leurs droits; ils élevèrent la voix pour réclamer, en face du pays, l'amélioration morale et matérielle du sort de tant d'hommes qui sont nos frères et nos concitoyens, et qui souffrent d'une manière si cruelle les mépris de la loi politique et les tortures de la misère.

---

(1) Procès du crieur Delente.

Trouvez-vous quelque chose d'anti-social dans le but de cette société? Il me semble, au contraire, qu'il y a dans ces travaux un but noble, généreux, utile aux prolétaires, utile surtout aux classes riches. L'histoire ne vous dit-elle pas que bien des agitations sociales, que des révolutions mêmes sont nées des souffrances insupportables des prolétaires? Ne comprenez-vous pas que la tranquillité de vos cités est soumise à cette condition, que la classe le plus nombreuse puisse vivre par le travail? Ne comprenez-vous pas que si le travail ne peut la nourrir, il est du devoir de la politique, encore plus que de l'humanité, de venir au secours de ses souffrances? Voilà la condition de sécurité pour vos richesses, pour votre industrie, et c'est là une condition impérieuse, entendez-vous, du joug de laquelle les armées les plus nombreuses ne peuvent vous affranchir pour longtemps.

Mais, dit-on, pourquoi la société a-t-elle arboré la déclaration des droits proposés à la Convention par Robespierre? pourquoi n'avoir pas choisi celle qui fut proclamée par la Convention elle-même, en tête de la constitution de 1793? La Convention vous a-t-elle donc paru trop modérée?

Je vous proteste, messieurs, que le nom de Robespierre n'a été pour rien dans ce choix; si cette protestation ne suffit pas à des esprits haineux, ils croiront l'évidence; je vous proteste que la déclaration de ce célèbre représentant n'a été élue que parce qu'elle est la plus avancée de toutes les declarations connues; parce qu'elle est la plus philosophique par la pensée, malgré le caractère un peu déclamatoire du style; parce qu'elle est la seule qui ait cherché à résoudre par les voies pacifiques le problème suivant : « Conserver le droit de propriété et le caractère individuel de la propriété actuelle, et cependant améliorer le sort de la classe la plus nombreuse. »

Dans ce problème, il n'y a rien d'anarchique, rien d'agraire, rien de terroriste; ôtez le nom de Robespierre, s'il vous fait encore peur, et c'est l'œuvre d'un philanthrope éclairé, d'un politique profond. C'est qu'il y avait deux hommes dans Robespierre : l'homme de la lutte violente contre la royauté, contre les nobles, contre le clergé, contre les corrompus de son parti, contre l'étranger; et l'homme de l'avenir qui devait succéder à cette lutte sanglante. L'homme du comité de salut public, je l'abandonne au jugement de tous les partis; l'homme philosophe, je le recommande à votre examen consciencieux; vous devez juger ses ouvrages, comme vous jugez tous les ouvrages philosophiques. Vous m'écouterez donc, messieurs, avec impartialité; vous jugerez sans passion les théories de ce tribun terrible qui eut nom Robespierre; oui sans passion. Autrement, comment pourriez-vous juger sans passion et sans haine des ennemis politiques qui comparaissent vivants devant vos yeux, si vous n'aviez pas même assez de raison et de sang-froid pour juger impartialement les théories d'un homme mort depuis plus de quarante ans!

La déclaration des droits, c'est l'œuvre de Robespierre philosophe; il la présentait comme une espérance consolatrice pour l'avenir; c'était l'arc-en-ciel qui annonçait que l'orage le plus violent aurait une fin heureuse.

C'est une erreur de dire que la déclaration des droits de Robespierre fut repoussée avec indignation par la Convention. Ce mensonge historique a été imprimé dans le réquisitoire que M. Franck-Carré fulmina, en avril dernier, contre la Société des Droits de l'Homme. Le gouvernement a tellement inondé le pays de ce réquisitoire mensonger que je l'ai retrouvé sur le point habité le plus élevé des montagnes du Cantal. Mais cette assertion mensongèrement historique, quoiqu'elle ait été imprimée et publiée sous les auspices officiels du gouvernement, ne reçoit pas moins un démenti officiel et authentique de la part du *Moniteur*. A la date du 25 avril 1793, ce journal, après avoir rapporté le discours que Robespierre prononça en présentant sa déclaration, inscrit ces lignes : « Il descend de la tribune au milieu d'applaudissements unanimes. »

C'était encore une erreur ou un mensonge, lorsqu'on a dit et imprimé que la Convention trouva cette déclaration si anarchique, que, le 1er juillet 1793, elle fit une loi de mort contre tout homme qui répandrait des exemplaires de l'œuvre de Robespierre. Lisez le rapport fait par Héraut-Séchelles (1er juillet, 1793), au nom du comité de salut public; c'est l'exposé des motifs de la loi; vous y verrez que la loi est dirigée contre *les nobles et les aristocrates*, qui, pour dépopulariser la Convention dans les campagnes, colportaient, sous le nom de la Convention même, de faux projets de constitution, où le partage de tous les biens était proclamé.

Je ne vous lirai pas cette déclaration tout entière, mais entendez au moins la définition de la liberté : « La liberté est le pouvoir qui appartient à l'homme d'exercer à son gré toutes ses facultés; elle a la justice pour règle, les droits d'autrui pour bornes, la nature pour principe, et la loi pour sauve-garde. » Ne trouvez-vous pas que cette définition, si auguste, si belle et si juste, vaut bien la définition que M. Dupin, l'adversaire de Robespierre, a livrée à la publicité : « La liberté est le droit de faire tout ce qui n'est pas défendu par la loi. » (1)

Mais examinons froidement et consciencieusement les articles de cette déclaration qui ont le plus soulevé les craintes factices ou sérieuses, qui ont le plus irrité les haines sincères ou de commande.

L'article 6 définit ainsi la propriété : « La propriété est le droit qu'à chaque citoyen de jouir à son gré de la portion de biens qui lui est garantie par la loi. »

C'est ce mot *portion* qui a fait croire que Robespierre et la Société des Droits de l'Homme étaient partisans d'une loi agraire; c'est ce mot qui a fait dire à M. Dupin que Robespierre et la Société des Droits de l'Homme voulaient réduire tous ceux qui possèdent à *la portion congrue*. Au lieu de faire un bon mot, M. Dupin aurait beaucoup mieux fait de lire le discours de Robespierre, présentant le texte de sa déclaration. Voici ce discours; c'est le meilleur commentaire de l'article 6 de la déclaration :

« Je vous proposerai d'abord quelques articles nécessaires pour compléter vos théories sur *la propriété* !. . Que ce mot n'alarme per-

(1) Voir la consultation de M. Dupin contre les Jésuites.

sonne; ames de boue qui n'estimez que l'or, je ne veux point toucher à vos trésors, quelque impure qu'en soit la source. Vous devez savoir que cette loi agraire, dont vous avez tant parlé, n'est qu'un fantôme créé par les fripons pour épouvanter les imbéciles. Il ne fallait pas une révolution, sans doute, pour apprendre à l'univers que l'extrême disproportion des fortunes est la source de bien des maux et de bien des crimes; mais nous n'en sommes pas moins convaincus que l'égalité des biens est une chimère; pour moi je la crois moins nécessaire encore au bonheur privé qu'à la félicité publique. Il s'agit bien plus de rendre la pauvreté honorable, que de proscrire l'opulence; la chaumière de Fabricius n'a rien à envier au palais de Crassus : j'aimerai bien autant pour mon compte être l'un des fils d'Aristide, élevé dans le Prytanée aux dépens de la république, que l'héritier présomptif de Xercès, né dans la fange des cours pour occuper un trône décoré de l'avilissemeut du peuple, et brillant de la misère publique.

« Posons donc, de bonne foi, les principes du droit de propriété : il le faut d'autant plus qu'il n'en est point que les vices des hommes aient cherché à envelopper de nuages plus épais.

« Demandez à ce marchand de chair humaine ce que c'est que la propriété.... Il vous dira, en montrant cette longue bière qu'il appelle un navire, où il a encaissé et serré des hommes qui paraissent vivants : Voilà mes propriétés; je les ai achetées tant par tête.

« Interrogez le gentilhomme qui avait des terres et des vassaux, et qui croit l'univers bouleversé depuis qu'il n'en a plus.... Il vous donnera de la propriété des idées à peu près semblables.

« Interrogez les augustes membres de la dynastie capétienne.... ils vous diront que la plus sacrée de toutes les propriétés est sans contredit le droit héréditaire dont ils ont joui de toute antiquité, d'opprimer, d'avilir, et de s'assurer légalement et monarchiquement les vingt-cinq millions d'hommes qui habitaient le territoire de la France sous leur bon plaisir.

« Aux yeux de tous ces gens-là, la propriété ne porte aucun principe de morale. Pourquoi notre déclaration des droits semble-t-elle présenter la même erreur ? en définissant la liberté, le premier des biens de l'homme, le plus sacré des droits qu'il tient de la nature, nous avons dit avec raison qu'elle avait pour borne le droit d'autrui. Pourquoi n'avez-vous pas appliqué ce principe à la propriété, qui est une institution sociale, comme si les lois éternelles de la nature étaient moins inviolables que les conventions des hommes! Vous avez multiplié les articles pour assurer la plus grande liberté à l'exercice de la propriété; vous n'avez pas dit un seul mot pour en déterminer la nature et la légitimité; de manière que votre déclaration paraît faite, non pour les hommes, mais pour les riches, pour les accapareurs, pour les agioteurs et pour les tyrans.

« Je vous propose de réformer ces vices en consacrant les vérités suivantes :

« 1° La propriété est le droit qu'a chaque citoyen de jouir et de disposer de la portion des biens qui lui est garantie par la loi ;

« 2° Le droit de propriété est borné, comme tous les autres, par l'obligation de respecter le droit d'autrui ;

» 3° Il ne peut préjudicier à la sûreté, ni à la liberté, ni à l'existence, ni à la propriété de nos semblables ;

« 4° Toute possession, tout trafic qui viole le principe est illicite et immoral. »

Mais il n'était pas même nécessaire d'avoir lu ce discours pour savoir que Robespierre n'avait jamais demandé la loi agraire ; il suffisait de lire quelques autres articles, notamment l'art. 11 : « Les secours indispensables à celui qui manque du nécessaire sont une dette de celui qui possède le superflu. » Dans la république de Robespierre, il y avait donc encore des *pauvres et des riches*. Mais si on avait dû, après la déclaration, partager également la fortune publique, il n'y aurait plus eu ni riches ni pauvres. Dès lors, la déclaration portait en elle-même la preuve qu'elle n'était pas dominée par la pensée même secrète d'une loi agraire. On n'avait donc pas su la lire ; ou bien on l'avait lue avec une intelligence de mauvaise foi.

Une fois que le caractère anti-agraire de l'art. 6 est bien constaté, il ne reste plus à examiner que deux questions : La définition est-elle juste, rationnelle ? la rédaction est-elle vicieuse ou exacte ?

M. Dupin, d'après M. Portalis, dit que la propriété est un droit inhérent à l'être humain, et non le résultat d'une loi positive ou d'une convention humaine (1). Cette définition est l'arrêt de condamnation de la révolution tout entière. La nation devrait immédiatement s'empresser de restituer les biens du clergé, les dîmes, les priviléges de la noblesse, les jurandes, les banalités, enfin tous les anciens droits seigneuriaux, et même les droits de cuissage et de jambage ; car tout cela constituait des propriétés qui dès lors doivent paraître à M. Dupin des droits inhérents à l'être humain, et non le résultat d'une loi positive ou d'une convention humaine !

Si la définition de l'école de M. Dupin est vraie, il faut déchirer tous nos codes. De quel droit limitez-vous la durée de la propriété littéraire et des inventions ? Comment légitimez-vous vos lois sur les expropriations publiques, les lois sur les alignements des maisons, sur l'espèce de proscription qui rejette hors des villes certains établissements d'industrie ? Comment légitimez-vous vos lois qui limitent et règlent l'exploitation des mines, des carrières, des marais salans ? Comment légitimez-vous les lois qui limitent l'importation et l'exportation des grains, la culture du tabac, le droit d'ouvrir des bals publics ou des théâtres, le taux de l'intérêt de l'argent, la faculté des donations entrevifs ou testamentaires ? Comment osez-vous établir vos impôts qui sont un prélèvement si onéreux sur les fruits annuels de la propriété ? Toutes vos lois n'ont plus de base logique ;

(1) Voir le discours de M. Dupin prononcé à la cour de cassation, le 8 septembre.

elles sont toutes des démentis du principe posé par vous, des attentats à la loi de nature telle que vous la proclamez.

Condorcet avait proposé à la Convention de prendre parti pour la définition de la propriété comme droit immuable, inhérent à la nature de l'homme, non modifiable par les lois humaines, et la Convention accepta ce point de vue qu'elle légiféra de la manière suivante :

« Art. 17. Le droit de propriété consiste en ce que tout homme a le droit de disposer à son gré de ses biens, de ses capitaux, de ses revenus, de son industrie. »

Ainsi, nulle réserve de modifier la propriété, de la rendre sociable, de l'harmoniser avec tous les droits des tiers et tous les besoins de l'état. Ainsi c'était une protestation faite sans réflexion contre tout le passé de la révolution, et c'était aussi un empêchement à toute espèce de lois civiles et économiques, lois qui ne sont que des modifications apportées au droit absolu de la propriété.

Robespierre protesta contre cette définition, et vous comprenez maintenant la cause de son discours et de sa proposition.

La Convention ajouta : « Art. 18 : Nul genre de travail, de culture, de commerce ne peut être interdit à l'homme ; il peut fabriquer, vendre et transporter toute espèce de production. »

Ici nulle réserve encore pour les droits des tiers, pour l'intérêt social, même pour les intérêts les plus sacrés de l'humanité. Par l'article 18, la traite des noirs pouvait se déclarer légitime, se déclarer droit naturel.

Robespierre protesta encore contre cet article 18, et proposa cette rédaction : « Tout trafic qui viole ce principe (c'est à dire la sûreté, la liberté, l'existence de nos semblables), est essentiellement illicite et immoral. »

Nous venons de voir les raisons pour et contre ; maintenant citons les autorités. Pour la propriété comme droit immuable et immodifiable, M. Dupin et M. Portalis, puis la Convention, qui, dix-neuf jours après la promulgation de ses principes, les violait en limitant la durée de la propriété littéraire qui est la plus intime à l'homme, puisqu'elle est une création de l'homme. Pour la propriété comme droit résultant de la loi humaine, Grotius, Puffendorff, Pothier lui-même, Bentham, Mirabeau, et la raison, et la logique, et tous les codes, même ceux de la Convention.

Vous comprenez maintenant pourquoi la Société des Droits de l'Homme a préféré la déclaration de Robespierre à celle de la Convention (1).

Mais la rédaction de l'article 6 est-elle bonne ? Cette rédaction ne fait-elle pas dire à la pensée de Robespierre autre chose que ce qu'il a voulu dire ?

---

(1) Voir les notes à la fin du volume.

La rédaction est bonne, à quelque point de vue philosophique que l'on se place.

Etes-vous de l'école philosophique des *droits naturels?* Par le droit naturel, vous reconnaissez que tous les hommes avaient un droit égal de co-propriété sur tous les objets compris dans le milieu où ils vivaient. Vous avouez que c'est par suite d'une convention que la co-propriété a cessé et que le partage a eu lieu. Qu'est-il arrivé au moment de ce partage? Au lieu de sa co-propriété dans toutes les choses du globe, chaque homme a reçu une portion de ces choses, et la société s'est engagée à la lui garantir. Dès-lors, en ce moment, s'il y avait eu un légiste pour définir la propriété, il n'aurait pu la définir autrement que de la sorte : La propriété est le droit qu'a chaque homme de jouir et de disposer à son gré de la *portion* de biens qui lui est garantie par la convention du partage, par *la loi.*

Robespierre appartenant à l'école de Rousseau, à l'école des droits naturels et de la co-propriété originaire, devait donc définir la propriété divisée, la propriété individuelle, comme il l'a fait.

Les criailleries que l'on a poussées contre sa définition de la propriété n'ont donc pas d'autre cause qu'une ignorance historique et philosophique. On ignorait l'histoire des idées dans l'école du droit naturel, on ignorait que Robespierre appartenait à cette école.

Voulez-vous vous placer sur le terrain des idées positives, des écoles positives? la définition de la déclaration n'est pas moins exacte.

Dans ces écoles, le territoire et les capitaux forment le capital social qui doit être exploité pour que l'humanité puisse vivre. Il est plus utile que ce vaste capital social soit exploité divisément qu'en commun, par l'individu comme propriétaire, que par l'homme comme manœuvre de la cité. Le meilleur moyen de faire travailler l'homme, est de garantir à lui et à sa famille les fruits acquis par son travail. Voilà l'analyse des idées de cette école.

Maintenant, voilà les faits sociaux que réglemente cette école : 1° chacun possède une portion plus ou moins forte du capital social qu'il a acquise soit par hérédité, soit par achat; 2° la loi lui garantit cette portion et par suite les augmentations que son travail peut y ajouter. De ces deux faits résulte un fait complexe qui constitue la propriété et qu'il faut nécessairement définir ainsi : La propriété est le droit de jouir de la portion de biens garantie par la loi.

Je pourrais ajouter bien d'autres raisons pour justifier la rédaction de la déclaration, mais le développement de celles que je vous ai données est déjà trop long et peut-être trop fastidieux. Il me suffit de vous exposer les principaux motifs qui ont fait préférer la rédaction de la déclaration de Robespierre à celle de la déclaration de la Convention. (1)

Il est une autre idée de la déclaration qui a été violemment attaquée, elle est contenue dans l'art. 11 « Les secours *indispensables* à celui qui manque du *nécessaire* sont une dette de celui qui possède

(1) Il y a quelques raisons nouvelles à la fin du volume.

le *superflu.* Il appartient à la loi de déterminer la manière dont cette dette doit être acquittée. »

M. Frank-Carré, lors de son fameux réquisitoire, fut pris d'une profondeur d'esprit si surnaturelle, qu'il vit dans cet article la loi agraire tout entière; il le dit, du moins. Que voulez-vous répondre à un pareil fanatisme de réquisitoire? M. Frank-Carré n'a donc de pitié que pour les riches! Vous, messieurs, rappelez-vous que Rome antique, à côté du temple de Plutus, avait élevé un temple à la Pitié. Et vous êtes chrétiens!

Vous êtes aussi hommes politiques, messieurs, et vous verrez dans cet article une grande portée politique. Celui qui le proposait sentait que la tranquillité de la cité ne peut exister que lorsque les pauvres ne meurent pas de faim, et par son article, il atteignait un double but d'humanité et de tranquillité sociale. Cet article valait mieux que tous les sergents de ville de M. Gisquet, et peut-être ne coûterait pas plus cher.

Autre article plus violemment attaqué. « Les citoyens dont les revenus n'excèdent pas ce qui est nécessaire à leur subsistance sont dispensés de contribuer aux charges publiques; les autres doivent les supporter *progressivement* selon l'étendue de leur fortune. » (Art. 12.)

On a encore vu là une conséquence de la loi agraire, dont on s'obstinait à plaisir à imputer l'idée à la déclaration.

Deux mots, messieurs, pour vous expliquer la portée morale et politique de cet article.

Robespierre avait fait dans sa pensée le bilan de ce que les différentes classes de la société avaient gagné pendant les trois années révolutionnaires qui venaient de s'écouler.

Avant 1789, le clergé et la noblesse ne payaient pas d'impôts pour leurs terres, et ils possédaient une immense partie du territoire français.

En 1789, le tiers-état voulut faire payer l'impôt territorial au clergé et à la noblesse. Ces deux corps résistèrent. Les bourgeois, propriétaires de terres surchargées d'impôts, appelèrent les prolétaires à leur aide. Les prolétaires combattirent, versèrent leur sang devant la Bastille, comblèrent les fossés de leur corps. La noblesse et le clergé furent vaincus et obligés de payer.

A cela que gagna le prolétaire? Rien, car il n'avait pas de terres imposables; les bourgeois seuls firent un grand bénéfice.

Plus tard le clergé fut dépossédé, et l'on confisqua les propriétés de la noblesse émigrée. L'état vendit ces vastes domaines et fut obligé, par les circonstances du moment, de les vendre à bas prix. A qui ces ventes à bas prix profitèrent-elles? Aux bourgeois, aux petits capitalistes? oui. Aux prolétaires? non; car le prolétaire, vivant de son travail au jour le jour, n'avait ni argent ni crédit pour acheter ces terres, quelque fût leur prix.

Qui profita de l'abolition des dîmes? Les propriétaires bourgeois qui furent dispensés *gratuitement* et comme par une espèce de cadeau, de payer ce surcroît d'impôts au clergé. Les prolétaires? non, car ils n'étaient pas propriétaires. La suppression gratuite des dîmes fut une chose immorale et impolitique de la part de l'Assemblée Constituante. Depuis des siècles, les propriétaires étaient accoutumés à payer les dîmes (1). Ces dîmes avaient une destination sainte, celle de soulager les malheureux. Le clergé avait oublié depuis long-temps que ces dîmes n'étaient qu'un dépôt qu'on lui confiait pour soulager le prolétaire indigent. Cet oubli était une raison suffisante pour dépouiller le clergé du droit de percevoir les dîmes ; ce n'était pas une raison pour les supprimer. Il fallait que l'état continuât à les percevoir au profit des indigents. Ainsi l'abolition des dîmes n'avait pas profité aux prolétaires, et même leur avait nui, en leur enlevant le peu que quelques membres honnêtes du clergé restituaient avec fidélité à l'indigence.

Mais l'égalité de l'impôt territorial (impôt dit *proportionnel*), profita-t-elle par contre-coup aux prolétaires? Non. Parce qu'un impôt territorial égal à l'ancien, plus à celui prélevé sur les terres nobles et ecclésiastiques, fut nécessaire d'abord pour empêcher l'ancien déficit de se renouveler, et pour parer à tous les besoins du moment ; de plus, tous les anciens impôts non directs durent être conservés sous leurs anciens noms ou sous des noms nouveaux, et c'étaient ces impôts-là qui frappaient le plus directement sur les consommations des prolétaires.

Ainsi, jusqu'en 1793, le prolétaire n'avait rien gagné en bien-être matériel ; au contraire, il avait perdu. Ce fut à cette époque que Robespierre voulut que la révolution fît enfin quelque chose pour le bien-être matériel des classes pauvres.

Comment voulut-il améliorer leur sort? Par une loi agraire? Non, je vous l'ai prouvé. Mais par une loi sur l'impôt, par une loi qui organisât l'impôt de manière à ce qu'il ne frappât pas sur les pauvres, mais qu'il frappât sur les riches ; qu'il n'enlevât pas le nécessaire même à l'indigent, mais qu'il ne fît que prélever une part du superflu de la richesse ou de l'aisance ; de manière à ce que l'impôt frappât la richesse d'un fardeau *progressivement* plus fort à mesure qu'elle était plus richesse, si je puis m'exprimer ainsi. En un mot, Robespierre demandait à la Convention de substituer l'impôt *progressif* à l'impôt *proportionnel* qu'elle conserva dans sa déclaration.

Robespierre ne faisait que demander ce que Montesquieu déclarait être une nécessité dans un état républicain :

« Quoique dans la démocratie l'égalité réelle soit l'ame de l'état, cependant elle est si difficile à établir, qu'une exactitude extrême à cet égard ne conviendrait pas toujours. Il suffit que l'on établisse un cens qui réduise les différences à un certain point : Après quoi c'est à des lois particulières à égaliser pour ainsi dire les inégalités, par les charges que les lois imposent aux riches et le soulagement qu'elles accordent aux pauvres ». (Montesquieu, *Esprit des Lois*, liv. V. ch. 5.)

---

(1) Chacun sait que le prix d'achat des terres se calcule principalement d'après les produits. Plus les produits sont diminués par un impôt, moins la terre se vend cher. La dîme, étant un véritable impôt, avait influé sur le prix d'achat de toutes les terres possédées par les bourgeois ; ils avaient nécessairement acheté leurs terres à un prix beaucoup moins élevé que si la dîme n'avait pas dû être payée. La Constituante leur fit donc un cadeau gratuit de la différence existante entre le prix qu'ils avaient déboursé pour l'achat de ces terres chargées de la dîme et le prix qu'ils pouvaient retirer de ces terres affranchies de la dîme.

Montesquieu ne semble-t-il pas avoir écrit lui-même les articles 11 et 12 de la déclaration ?

La Société des Droits de l'Homme demande également l'impôt progressif ; non pas cet impôt géométriquement progressif qui demande 1 p. 100, et par une conséquence rigoureuse cent mille pour cent mille, de manière à rendre un homme tout à fait pauvre parce qu'il était riche ; mais un impôt moralement progressif qui frappe de plus en plus la richesse à mesure qu'elle s'élève, en lui laissant largement la plus grande partie des fruits de ses propriétés.

Quand l'impôt progressif sera établi, le prolétaire aura enfin reçu sa part des bienfaits matériels de la révolution, *sa part des jouissances sociales*, non pas en prenant de la propriété des riches, mais en conservant le peu qu'il gagne en moins souffrant.

Si cet impôt avait été établi depuis 1793, nous n'aurions peut-être pas de nos jours ces discordes entre les maîtres et les ouvriers, nous aurions moins aussi de ces déclamations contre la richesse. Tous les citoyens y auraient gagné, le prolétaire serait moins malheureux, le propriétaire moins épouvanté.

Nous poursuivons (je me trompe, car je ne suis pas de la Société des Droits de l'Homme) ; cette société poursuit cette révolution toute pacifique ; elle la poursuit avec ardeur par ses publications. Mais ne croyez-vous pas que tous les bons citoyens devraient apporter le tribut de leur intelligence dans cette œuvre de philanthropie ? N'y a-t-il pas là un apostolat qui puisse passionner les cœurs élevés ? N'y a-t-il pas là une pensée qui soit digne aussi des esprits les plus positifs ? N'y a-t-il que les esprits anarchiques, que les partisans de la loi agraire, que les infâmes amis du pillage, qui puissent arborer le drapeau de la déclaration des droits ? Jugez, messieurs, la France jugera aussi.

Ces développements ont été bien longs, mais il fallait en finir avec la calomnie. Désormais, quiconque viendra dire aux membres de la Société des Droits de l'Homme : Vous voulez la loi agraire, mentira avec la volonté de mentir ; et chacun pourra lui répondre : Vous êtes un calomniateur.

Ainsi vous savez bien maintenant pour quelles raisons la Société des Droits de l'Homme a préféré la déclaration de Robespierre à la déclaration de la Convention. La Convention n'avait en réalité continué la révolution qu'au profit de la bourgeoisie ; Robespierre voulait que la révolution portât aussi quelque profit au prolétariat, moins par l'aumône que par la dispense des charges publiques. Il avait vu là une grande et noble question d'humanité, une importante question de tranquillité sociale, La conception de Robespierre était donc plus large, plus philanthropique, plus politique. Elle était une conception d'avenir.

Ma tâche est finie, messieurs, j'avais une accusation de complot à détruire ; je l'ai balayée hors de cette enceinte. J'avais des immoralités à dévoiler, j'ai rempli mon devoir, et l'immoralité est à nu. J'avais à combattre des haines et des préventions habilement soulevées ; elles ne doivent plus exister dans votre pensée, du moins j'aime à le croire. On avait évoqué le fantôme de la loi agraire, et toute cette fantasmagorie s'est évanouie devant les lumières de la vérité.

Puisse maintenant le pouvoir, abandonnant ses intérêts mesquins de coterie dynastique, s'associer au grand mouvement que le passé des siècles prophétise de toutes parts ! Puisse-t-il comprendre la sainteté de la mission que notre siècle est appelé à accomplir ! Qu'il se hâte de se mettre à l'œuvre, s'il ne veut pas que bientôt cette noble besogne soit mise en des mains plus pures et plus dévouées que les siennes.

PLAIDOIRIE DE Me MICHEL,

Me Michel, au nom de Rouet, le premier des quatre élèves de l'Ecole Polytechnique, s'est exprimé en ces termes, au milieu d'un profond silence :

Messieurs, il y avait deux manières d'envisager ce procès ; l'une que j'appellerai politique ; elle consistait à demander compte à l'accusation de son but, de ses moyens et de ses espérances. Son but, messieurs, elle ne l'a pas caché, c'est l'anéantissement de la Société des Droits de l'Homme ; ses moyens, je crois les avoir déjà qualifiés dans le cours des débats ; et depuis que cette expression de ma conscience m'est échappée, il ne s'est rien dit ou fait qui ait pu changer mon opinion.

Quant aux espérances de l'accusation, on ne saurait trop les signaler, parce qu'il importe que le pays les connaisse, qu'elles soient manifestées à la Chambre. De deux choses l'une : ou vous nous condamnerez (c'est là une hypothèse impossible), et dans ce cas on réclamera devant la Chambre des mesures sévères, non pas seulement contre la Société des Droits de l'Homme, que vous aurez frappée, moins encore contre toute espèce d'association ; on dira que le gouvernement ne peut exister lorsqu'il y a dans son sein des associations ennemies qui conspirent sa ruine.

Si, au contraire, vous nous acquittez, ce que j'ai tout lieu d'espérer, on se présentera devant la Chambre votre verdict à la main, et l'on répétera de plus haut, avec plus d'influence peut-être, ce qu'on a dit dans l'acte d'accusation ; que les précautions de la loi sont insuffisantes, que l'autorité de votre décision est inefficace, que le jury lui-même est un instrument insuffisant pour garantir les libertés publiques. Ce langage ne sera pas accueilli, j'ose le croire, mais il sera tenu, et avant huit jours vous verrez mes prédictions se réaliser. (Sensation.)

Cette manière d'envisager le procès est épuisée. Me Dupont, mon confrère et mon ami, a dit là-dessus tout ce qu'il était possible de dire ; il serait impossible de le suivre sur ce terrain, qu'il a parcouru avec tant de talent. L'autre manière d'envisager l'accusation est purement judiciaire, c'est, si j'ose le dire, celle qui me convient à moi, à vos intelligences et à vos consciences.

Elle consiste à dire en soi-même : Qu'est-ce donc qu'un complot ?

quels en sont les éléments essentiels? car on nous accuse d'avoir comploté. La seconde question est toute de fait.

C'est à cet examen que je dois me livrer. Je vais vous demander ce que c'est qu'un complot; ensuite, et spécialement d'une manière très rapide, je vous demanderai si Rouet a participé à un complot.

On nous accuse de deux choses : d'avoir formé un complot, ayant pour but de renverser le gouvernement du roi, ou, tout au moins, d'avoir excité à la guerre civile en portant les citoyens à s'armer les uns contre les autres. Comment la loi définit-elle le complot? « La résolution d'agir, concertée et arrêtée entre deux ou plusieurs personnes. »

Quatre éléments constituent le complot : Un élément de plus, vous arriveriez à l'attentat; un élément de moins, vous n'auriez pas de complot.

Première condition. Le but du complot. — Cette pensée première qu'il ne faut jamais perdre de vue, c'est qu'il faut que chacun des vingt-sept accusés, lorsqu'il s'est associé au complot, ait eu dans son esprit le double dessein dont j'ai parlé, de renverser le gouvernement du roi et de porter les citoyens à s'armer les uns contre les autres; et ce dessein, il est nécessaire, inhérent au complot, car il n'y aurait pas de complot là où il n'existerait pas.

Seconde condition. — Ce dessein, entré dans l'esprit, n'est qu'une pensée qui appartient à l'homme d'une manière tellement indéfinie, qu'on ne peut y porter atteinte sans le priver entièrement de l'existence, car il faut reconnaître que la pensée est la propriété de l'homme, qu'elle est l'homme.

Ainsi j'ai dans l'esprit le dessein de renverser le gouvernement : tant que ce dessein ne descend pas de l'intelligence à la volonté, il n'est rien; je ne sais même si la morale peut atteindre jusqu'à lui. Mais lorsque ce dessein, placé en dehors de l'intelligence, arrive à la volonté pour subir une nouvelle épreuve, pour se transformer et pour prendre un corps matériel, alors se présente la seconde condition. C'est la résolution d'agir dans le sens du but auquel on vise.

Troisième élément. — Il faut que deux personnes se communiquent ce dessein, cette résolution d'agir. Alors il se fait ainsi une espèce d'échange entre les intelligences qui viennent au secours l'une de l'autre, et qui mettent en commun cette idée d'agir.

Ce n'est encore rien; ce concert ne constitue pas le complot; il faut enfin un système arrêté de réaliser ce dessein par l'action et par les mêmes moyens.

Ainsi, en résumé, voilà les quatre éléments du complot : dessein de renverser le gouvernement, résolution de réaliser ce dessein par l'action, concert entre deux ou plusieurs personnes, et enfin système arrêté pour réaliser ce dessein par l'action.

Appliquant ce système aux faits du procès, Me Michel établit qu'il n'y a pas eu de complot de la part de la Société des Droits de l'Homme.

Mais si ce complot était réel, aucun des quatre élèves de l'Ecole polytechnique ne pourrait être considéré comme y ayant participé; ils n'appartenaient pas à la Société des Droits de l'Homme, et c'est sur cette société tout entière que repose l'accusation du complot. Rouet a expliqué l'origine de l'écrit saisi sur lui; l'original de ce prétendu état d'organisation lui a été communiqué par un inconnu, et ce qu'il dit est très vraisemblable, car il est naturel que son uniforme, qui aurait dû le garantir de toute prévention, l'y ait au contraire exposé. Il discute ensuite chacune des charges qui s'élèvent contre son client. Puis il termine en ces termes :

Maintenant, messieurs, deux mots de cette école dont le ministère public a fait hier avec raison un éloge pompeux. Sa création remonte à cette Convention tant louée par les uns et tant décriée par les autres. Lorsqu'au nom du comité public, Fourcroy présentait le projet de loi qui créait l'Ecole polytechnique, il prédisait ce qui s'est réalisé, qu'elle serait la plus belle école du monde et qu'elle ferait l'honneur de la patrie.

Pendant ses quarante années d'existence, elle a fourni à la politique, à la science, à nos armées des hommes dont la France s'honore. Cependant, messieurs, ce demi-siècle de gloire et d'illustration ne s'est pas écoulé sans orage : ainsi, aux journées de prairial, elle marcha avec la Convention contre les faubourgs, au 13 vendémiaire, elle s'unit aux sectionnaires pour attaquer la Convention. Depuis elle s'est associée à presque tous nos mouvements politiques. Mais une chose qu'il faut dire, c'est que jamais l'école n'avait été traitée aussi rigoureusement que dans ces derniers temps; elle avait été casernée, licenciée, envoyée à l'Abbaye, mais jamais cet uniforme national n'avait été traîné devant une cour d'assises.

La Convention, gouvernement sévère, qui ne permettait guère aux résistances de tenir long-temps, ne se montra pas si cruelle envers Biot et Malus; tous deux poursuivirent glorieusement leur carrière. Et pourtant, ni la Convention, ni le Directoire, ni l'Empire ne devaient à l'Ecole polytechnique ce que lui doit Louis-Philippe. Ce sont ces mêmes jeunes gens qui, en 1830, ont régularisé et moralisé le mouvement, que nous voyons en 1833 sur la sellette des accusés. Ah! c'est plus que de l'ingratitude, et je ne sais quel nom donner à une telle conduite!

Mais vous, messieurs, vous ne serez pas complices de cette ingratitude, parce qu'un jury français n'a pas à rendre compte de son verdict devant la sainte-alliance.

Me Michel s'est à peine assis, qu'il reçoit les félicitations de ses confrères, et que des applaudisssements, bientôt comprimés par M. le président, éclatent dans l'auditoire.

PLAIDOIRIE DE Me BOUSSI.

Messieurs.

Le langage de la franchise m'a toujours paru une bonne chose; c'est un lien d'estime entre celui qui le tient et celui auquel il s'adresse. Je parle, messieurs, pour les cinq prolétaires arrêtés au pas-

sage du Caire. Je ne puis dire combien je me sens honoré de leur choix. Lorsque j'ai ouvert les premières pages de cette immense procédure, et que j'ai vu que dès les premiers moments, s'adressant au commissaire, ils n'avaient pas hésité à confesser leur foi républicaine, j'en ai ressenti une satisfaction inexprimable, et je me suis dit : « Voilà de braves gens. »

Ce premier présage ne m'a point trompé. Ah ! ceux-là du moins ils ne sauraient être accusés d'ambition. J'ai scruté leur vie, et je puis les présenter à nos amis comme des modèles, à nos ennemis comme la meilleure réponse à tant de calomnieuses imputations.

En première ligne je placerai Boudin, prolétaire si franc, si intelligent, si courageux, décoré de la médaille, décoré bien plus encore de cinq blessures graves qui furent son tribut aux trois glorieuses et stériles journées de notre révolution. Homme simple, héroïque de modestie, s'indignant qu'on lui attribue un grade dans les sections, parce qu'il n'a que du cœur et point d'éducation. (Sensation.)

Après lui, vient Auguste Chuquet, soldat de la grande armée, s'engageant à dix-huit ans dans la jeune garde, à la nouvelle de nos désastres de Russie; combattant à Lutzen, à Bautzen, à Leipsick, sur tous les champs de bataille de nos glorieuses infortunes en Allemagne et en France; quittant le service à la restauration, et reprenant les armes en juillet 1830 aux cris de *Vive la république!* et à la voix de la liberté. »

L'accusation ayant été abandonnée à l'égard de ces deux accusés, Me Boussi passe à la défense de Chavot, de Levasseur et de Chevé.

Il repousse toutes les inductions qu'on a tirées contre Levasseur et Chavot des diverses pièces qu'on a trouvées sur eux au moment de leur arrestation, les discute en détail, et concédant à l'accusation toutes les preuves qu'elle prétend en tirer, en réduit la valeur à établir tout simplement que les deux accusés sont membres de la Société des Droits de l'Homme.

Après cette discussion rapide, il passe à la défense de Chevé. Il lit de nouveau son testament (1), l'analyse avec soin, et loin d'y trouver aucun dessein concerté et arrêté du complot, n'y découvre que des sentiments de moralité religieuse, politique, dominés par une grande pensée d'un généreux et patriotique dévouement.

« On fait à Chevé, ajoute-il, un crime d'avoir signé cette belle œuvre, le 27 juillet. Oh ! messieurs, ce sont les pensées de toutes ses journées. Il faut que vous sachiez sa vie, et vous verrez que ses paroles n'étaient que la traduction bien infidèle de toutes ses actions. Ce que j'en sais, ce n'est pas de lui que je le tiens; c'est un vol que ses amis m'ont aidé à faire à sa modestie. Ces débats ont pu vous faire juger de sa constante abnégation.

Chevé est bien jeune, et pourtant il a fait de bien grandes choses. Sa vie politique, pour ce que j'en sais, a commencé en juillet. Il se battit à la Poudrière, au pont d'Austerlitz, aux casernes de Sainte-Geneviève, de l'Oursine, de Babylone ; partout où il y eut de la gloire et du danger.

---

(1) Voir ce testament à la page 120.

Bientôt la liberté s'envola du sol de la France, se dirigeant vers la Belgique. Chevé s'y rendit comme volontaire de la légion française. Il y combattit long-temps pour la république, mais quand la Grande-Bretagne y envoya un roi, Chevé quitta le grade que sa bonne conduite et son courage lui avaient mérité.

Alors la Pologne étaient envahie par l'armée russe. Sous le commandement du capitaine Kersosi, Chevé partit, lui, dix-huitième, sur un vaisseau de l'état chargé de munitions pour l'insurrection polonaise. Je ne veux point dire par quelle fatalité M. Pozzo di Borgo fut instruit de l'expédition ; il en avisa son gouvernement, et le bâtiment français tomba au milieu d'une escadre russe. Le capitaine parlait de se rendre, mais Kersosi et quelques-uns de ses amis déclarèrent qu'ils se feraient plutôt sauter avec le vaisseau. Qui s'était chargé de mettre le feu à la poudre et tenait la mèche allumée, pendant que l'équipage étonné faisait force de voiles? Messieurs, c'était Chevé... (Sensation profonde.) Vous comprendrez maintenant comment un homme de cette trempe peut dire : « Celui qui veut faire le bien dans ce monde, ne doit dormir que dans le tombeau. » C'est le dévouement à la liberté poussé jusqu'à l'héroïsme, c'est Saint-Just ou bien Chevé.

Tous les efforts de l'accusation se trouvent donc réduits à établir que les trois accusés font partie de la Société des Droits de l'Homme. Est-ce assez pour qu'ils aient conspiré ? Je trouve la preuve du contraire dans la conduite même de l'avocat-général, qui a abandonné l'accusation contre Boudin et Chuquet, arrêtés aussi chez Chavot, qui étaient, assure-t-on, commissaire et chef de section dans cette société.

Je ne puis, messieurs, vous dissimuler ma pensée. L'accusation, battue et honteuse, voudrait bien vous faire partager la solidarité de toutes ses flétrissures, et charger votre bonne foi d'une grande mystification. C'est faire injure à vos lumières et à votre justice. On ne trompe pas si facilement des hommes comme vous. Vous comprenez trop bien la haute mission qui vous est confiée. Le verdict de votre conscience doit retentir dans toute la France. Ne l'oubliez pas, messieurs ; nous faisons ici de l'histoire, et vous allez travailler pour la postérité.

Après ce discours, Me Fenet, défenseur de Bonjour et Vangarner, vis-à-vis desquels le ministère public avait abandonné l'accusation, déclare renoncer à la parole. Me Bricquet, dans l'intérêt de Jacquemin, Girou et Boucher-Lemaître, termine les plaidoiries par une chaleureuse improvisation.

On attendait le résumé de M. le président, lorsque M. Delapalme se lève, et, dans une pâle copie de son réquisitoire, reproduit les arguments déjà renversés par la défense. Me Dupont, en peu de mots, le réfute facilement, puis Me Wielban ajoute quelques considérations toute personnelles à M. Raspail.

A peine a-t-il terminé, que M. le président déclare les débats clos, et renvoie pour son résumé à demain dix heures, bien qu'il ne soit encore qu'une heure un quart.

Trompés dans leur attente, les accusés réclament vivement pour être jugés sans désemparer. Ils montent tous sur leurs bancs, en criant : C'est une infamie, une indignité qui n'a pas de nom! Comment, voilà cinq mois que nous sommes en prison, et l'on veut encore prolonger notre captivité!

Le président. — Mon résumé ne peut être prêt que demain : il faut du temps pour résumer convenablement un débat de dix jours. (Des cris violents couvrent les paroles de M. le président, qui ordonne de faire évacuer la salle.)

Tous les accusés à la fois. — Nous ne sortirons pas, nous voulons être jugés : justice! justice!

Rottet. — Nous ne céderons qu'à la force, empoignez-nous!

Parfait — Nous ne sortirons que par la force des baïonnettes!

Les accusés se rasseyent et déclarent qu'ils resteront dans la salle, Le tumulte est au comble. M. le président donne de nouveau l'ordre de faire sortir les accusés, et enjoint à la force armée de faire exéter cet ordre.

Latrade et Rouet. — Nous protestons contre cet ordre : c'est de l'arbitraire.

Caylus. — C'est le jour de la justice et de l'innocence des accusés.

Le avocats parviennent peu à peu à calmer cette irritation trop légitime et à engager leurs clients à se retirer. Mais le tumulte se prolonge long-temps encore, et des cris se font entendre dans les couloirs et dans les escaliers. Les jurés eux-mêmes entourent M. l'avocat-général et semblent se plaindre de ses lenteurs.

Audience du 22.

La foule est immense; les élèves de l'École polytechnique sont en grand nombre; des patrouilles parcourent continuellement le palais.

Le président. — Les accusés ont-ils quelque chose à ajouter à leur défense.

Chuquet. — Moi, je suis un ancien militaire; j'ai versé mon sang pour ma patrie; *je suis républicain*, et les républicains ne conspirent pas, ils s'insurgent. Si le peuple se levait comme en 1830, je quitterais ma vieille mère pour aller combattre avec lui.

Le résumé dure deux heures et demie. Cinquante-cinq questions sont posées au jury.

Après deux heures de délibération, les jurés rentrent, et leur chef déclare sur toutes les questions : NON, LES ACCUSÉS NE SONT PAS COUPABLES.

— Je le savais bien, dit Chuquet; vous n'avez fait que votre devoir.

Le président prononce l'acquittement, et ordonne la mise en liberté.

AFFAIRE

DES AVOCATS DUPONT, MICHEL, PINARD.

Immédiatement après l'acquittement des vingt-sept accusés, M. Delapalme se lève, et s'adressant à la cour composée de MM. Jacquinot-Godard, Dozon et Brizout de Barneville, s'exprime ainsi :

RÉQUISITOIRE.

Messieurs,

Un incident s'est élevé relativement à Parfait et la cour a sursis statuer; sa décision était motivée par la qualité d'accusé. Aujourd'hui nous n'insisterons pas à l'égard de Parfait, mais il nous reste un devoir à remplir et nous saurons l'accomplir, nous allons adresser des réquisitions.

L'avocat-général, dans son réquisitoire, rappelle qu'en parlant de l'acte d'accusation, Me Pinard s'est écrié : *c'est le fait d'un faussaire !* que Me Michel a dit : L'expression m'appartient, et qu'il a demandé que son nom fût inscrit à côté de celui de Me Pinard, qu'en agissant ainsi ces deux avocats ont méconnu les devoirs de leur profession, que l'imputation de faux adressée au rédacteur de l'acte d'accusation constitue un outrage d'autant plus répréhensible que l'acte d'accusation n'est que le développement des charges énumérées par un arrêt de la cour, qu'il ne pourrait y avoir eu faux qu'autant que l'altération aurait porté sur les pièces mêmes qui basaient la poursuite ; que d'ailleurs les défenseurs, en prenant au greffe communication des pièces et du dossier, étaient à même de reconnaître la cause de cette erreur ; qu'on ne peut soupçonner la bonne foi de l'acte d'accusation ; qu'on pouvait lire les divers réquisitoires déposés par le ministère public dans le cours de l'instruction ; qu'en effet l'acte d'accusation a été rédigé, non pas sur les pièces qui, pour accélérer le jugement sollicité par les accusés, avaient été remises à M. le président, mais sur un réquisitoire dressé en première instance ; que d'ailleurs la pièce émanée de M. Raspail était transcrite en entier dans l'arrêt de la chambre d'accusation dont lecture est faite à l'ouverture des débats, et qu'ainsi il n'y a pas un faux, une altération commise sciemment. Les conclusions qui se rattachent à cette partie du réquisitoire tendent à ce que Mes Pinard et Michel soient interdits de l'exercice de leur profession pendant le temps qu'il plaira à la cour de déterminer.

Il expose ensuite que Me Dupont en signalant deux mots ajoutés aux pièces imputées à Kersosi a dit : *Je reconnais le crayon rouge du parquet ;* que dans sa plaidoirie Me Dupont a franchi toutes les bornes de la décence et de la modération, et a commis un outrage envers le procureur-général en lui imputant des altérations de témoignages, des suppositions inexplicables de pièces dans le dossier de Kersosi, et lui faisant l'application de ce mot : *je vous rappelle à la pudeur*, et en le comparant à Laubardemont. Ce réquisitoire conclut à l'égard de Me Dupont à ce qu'il soit rayé du tableau des avocats, sous toutes réserves de le poursuivre extraordinairement.

Me PINARD donne quelques explications sur la question d'équité qui doit s'agiter entre le ministère public et lui. Il s'étonne que M. l'avocat-général qui, au moment où le prétendu outrage a été commis, n'avait cru devoir requérir que l'injonction, ait pensé devoir passer aujourd'hui à des réquisitions plus sévères sans que rien pût leur servir de prétexte.

Il signale ensuite les nombreuses erreurs commises dans l'acte d'accusation, relativement aux accusés Kersosi, Raspail, Lerouge, Chavot et Parfait. Il déclare que si la bonne foi peut faire absoudre tant d'inexactitudes, au moins on doit reconnaître dans le rédacteur de l'acte d'accusation une légèreté qu'on n'aurait pas pu supposer. N'oubliez pas, messieurs, dit-il en terminant, que le ministère public, dans ces sortes de procès, est presque notre adversaire; nous avocats, nous ne sommes pas liés vis-à-vis de lui par ces égards qui vous sont dus à vous; il faut à la défense une libre censure des actes et des paroles de l'accusation. Avocat depuis long-temps, j'ai respecté la magistrature, et quelle que soit votre décision, je m'y soumettrai; mais au moins je pourrai me dire qu'en qualifiant l'acte d'accusation et son auteur, je ne me suis pas mis en opposition avec ma conscience.

Me DELANGLE, complète la justification de Me Pinard, et présente quelques observations en faveur des autres avocats.

DÉFENSE DE Me MICHEL.

Je sue, mais ce n'est pas de honte; je sue de colère et d'indignation. Vous pouvez me condamner, mais l'avocat du roi ne fera jamais de moi ni un accusé ni un coupable.

Je suis plein de respect pour la magistrature; car sans elle la loi n'est qu'un bienfait impuissant et stérile; la magistrature, c'est la loi vivante. Mais il est quelque chose que je respecte plus encore, c'est la vérité. Comme homme, je la recherche; comme citoyen, je la propage; comme avocat, j'ai mission de la faire triompher.

Qu'exige-t-on de nous? Je suis arrivé à un âge qui n'admet point l'excuse de l'irréflexion, et ma profession ne me permet pas d'ignorer la valeur usuelle et légale des mots.

Altérer des pièces, c'est un faux, selon le dictionnaire de l'Académie; et selon les termes du droit, le fonctionnaire public qui reproduit des conventions non existantes fait un faux. Je l'ai dit, je persiste. (Profonde sensation.)

Eh quoi! les avocats sont-ils donc les esclaves des gens du roi! Connaissez-nous mieux : il est possible que vous nous suspendiez..., tout est possible dans ce temps de malheur; mais vous ne me réduirez pas à la misère, je ne tendrai pas la main; et si je la tendais jamais à tous ceux dont j'ai sauvé la vie ou l'honneur, je serais encore plus riche que tous les gens du roi, malgré les munificences du pouvoir.... (Des applaudissements unanimes éclatent dans l'auditoire.)

Mirabeau, plaidant devant le parlement de Provence, disait à ses juges : « Vous me condamnerez sans doute ; mais le jour de la vérité luira, ce qu'il y a d'impur sera purifié. » Suspendez-moi, dites que mon nom sera rayé du tableau ; mais dites aussi que le même jour j'avais, négligeant mes affaires, fait soixante lieues pour m'associer à la défense de vingt-sept jeunes gens, et que ce même jour ils sont acquittés. Ce souvenir, je le léguerai à mes enfants, et ce patrimoine en vaudra bien un autre. (Bravo ! bravo !)

Il fallait au moins vous presser d'un jour : hier, je n'aurais pas prêté le secours de ma voix à ce d'Argenson, qui, lui aussi, ne vit que pour ce peuple avec lequel, quoi qu'on fasse, je ne cesserai de sympathiser, et dont je ne cesserai de défendre les droits.

Juges ! le jour de la justice se levera pour tous ; pour les gens du roi, pour nous, pour vous aussi, magistrats ; et c'est pourquoi j'espère que vous ferez votre devoir.

(Des applaudissements éclatent dans toute la salle. Il est impossible de rendre l'impression produite par cette entraînante improvisation.)

DÉFENSE DE Mᵉ DUPONT.

Après quelques secondes accordées à l'agitation des auditeurs, Mᵉ Dupont prend la parole en s'adressant à M. Delapalme.

Vous avez accusé Raspail d'hypocrisie, et vous, vous venez de dire que c'était avec regret que vous demandiez ma radiation. Moi, je vous réponds: Vous ne dites pas la vérité. Vous voulez vous venger en un jour de trente défaites que je vous ai fait subir depuis trois ans. Vous voulez vous venger personnellement de certains souvenirs de la restauration qui, réveillés par ma bouche, vous ont vingt fois forcé de baisser les yeux devant moi, comme vous les baissez maintenant. Voilà le seul motif de vos réquisitions. Le pays jugera la fin du drame comme il en a jugé le commencement.

Vous dites que Laubardemont est flétri par l'histoire, et vous ne voulez pas que je flétrisse votre procureur-général ! Vous me dites que la postérité de Laubardemont cache *son nom honteux*, et se voile le front; vous demandez si je veux condamner les fils du procureur-général à rougir du nom de leur père ? Moi, je vous réponds: Si Laubardemont avait vécu de mon temps et qu'il eût été faussaire, je lui aurais dit en face : Vous êtes un faussaire ; et si Laubardemont avait eu des fils, je leur aurais dit : Prouvez-moi que j'ai calomnié votre père ; prenons des épées, voilà ma poitrine.

Quand vous avez, il y a quatre jours, suspendu vos menaces sur ma tête ; quand nos clients voulaient se priver de nos secours pour ne pas nous exposer à vos haines, je vous ai dit : Quel que soit le sort qui m'est réservé, je ferai mon devoir ; je l'ai fait. Pour venir perdre mon état devant vous, j'ai veillé sept nuits sur douze ; maintenant donnez-moi le salaire de mes veilles. (Mouvement.)

Mais ne vous réjouissez pas trop ! moi, je n'ai point besoin de mon état pour manger un pain honteux, entendez-vous, M. l'avocat du roi? j'ai une famille qui ne rougira pas de moi quand je sortirai de cette enceinte, entendez-vous? si j'en étais réduit à une honorable mendicité, j'ai des amis qui partageraient avec moi leur dernier morceau de pain, comme j'ai partagé avec eux les travaux d'une noble lutte, comme je partage avec eux l'honneur de vos persécutions, entendez-vous cela?

J'ai dit: « Des altérations de faits, des altérations de témoignages écrits, des falsifications de pièces, la supposition inexplicable d'une pièce à charge dans le dossier de Kersosi, la violation du secret des lettres, ou ce qui n'est pas moins immoral, l'usage de ces lettres violées, l'exhumation de documents jugés depuis plus d'un an dans d'autres procès, la violation du secret des affections les plus intimes, la diffamation, l'injure, la calomnie, voilà les bases de l'acte d'accusation; voilà les bases de cet acte que l'on peut regarder, sans se tromper, comme le premier exposé des motifs de la loi future sur les forts détachés. »

Cette phrase est fidèle. Les journaux ont exactement rendu ma pensée. Je ne viens pas la dénier, je viens la justifier en prouvant de nouveau qu'elle est vraie, comme je l'ai prouvé au jury. Car ces phrases n'étaient pas des allégations futiles, elles étaient le résumé anticipé, mais fidèle de ce que j'avais à démontrer, de ce que j'ai démontré.

Deux mots sur la moralité du réquisitoire. J'ai plaidé pendant deux heures; pendant deux heures j'ai plaidé sans être interrompu; j'interrogeais même l'œil, le geste du président de ces débats; je cherchais à sonder sa pensée; je n'ai vu ni dans ses traits, ni dans ses gestes, la moindre marque de désapprobation. Ce silence n'aurait-il été qu'un piége?.... Le jugement le dira.

« La calomnie! l'injure! la diffamation! » Ces mots vous étonnent et vous scandalisent! Lisez donc avec moi l'acte d'accusation de votre procureur-général; je vous indique les pages 2 et 14, et vous y lirez...

M. Delapalme ne prenant pas l'acte d'accusation, Me Dupont lui dit:

Prenez votre acte d'accusation, vous dis-je; je vous condamne à lire ce que vous avez écrit. (Mouvement.)

« Cette société, fondée par des ambitieux que la révolution n'a pas satisfaits, est composée d'hommes qui n'ont rien à perdre, mais tout à gagner dans un bouleversement; elle compte dans ses rangs ceux qui, sous prétexte d'attaquer la forme du gouvernement, n'en veulent qu'à la fortune des citoyens et à *la propriété* en général. C'est l'appât qu'on ne cesse de leur offrir. Le partage des biens, le dépouillement des riches qui possèdent depuis trop long-temps, et auxquels l'équité exige qu'on laisse seulement la portion nécessaire à leur existence. Voilà ce qui met en mouvement une classe d'hommes qui trouve plus facile de dépouiller les autres que de se soutenir par le travail. (Pag. 2 de l'acte d'accusation.) »

« Il faut pour ses membres, dégoûtés de travail, une révolution sociale qui, en les enrichissant de ce qu'on appelle le superflu des riches, ne laisse à ceux-ci que le strict nécessaire. » (Pag. 14.)

Ainsi voilà les accusés signalés comme des brigands, des amis du pillage ! Et ce n'est pas là une injure ! une diffamation ! une calomnie ! Vous avez avoué vous-même la calomnie de l'acte d'accusation, lorsque, avant-hier, devant la noble indignation de Vignerte et des accusés, vous avez été obligé d'avouer que vous n'entendiez pas dire que les membres de la société voulussent piller les riches, mais que vous attaquiez seulement leurs théories brillantes et dangereuses.

Votre acte d'accusation dit : « Raspail n'était qu'un hypocrite, lorsqu'il semblait ne pas vouloir sortir des voies de la modération (p. 10). » Raspail hypocrite ! Certes c'est une diffamation ! De plus, c'était une calomnie, car vous aviez sous vos yeux la preuve que Raspail avait tout fait pour éviter une collision le 28 juillet. Vous aviez ces articles du *National* et de *la Tribune*, à la date du 27 ; et si vous vouliez douter de la sincérité de Raspail, vous aviez cette lettre saisie chez Lacombe, cette lettre qui n'était pas destinée à la publicité, et qui contenait des sentiments semblables à ceux que Raspail exprimait par les voies de la publicité. Vous aviez donc, dans une lettre confidentielle, dans une lettre destinée au secret, la preuve que Raspail n'était pas un hypocrite ; et cependant, votre procureur-général l'accuse d'hypocrisie ! Injure ! diffamation! calomnie ! calomnie!

« Kersosi est carliste. » (Pag. 16.) Diffamation ! calomnie ! Vous qui avez si bien scruté sa vie pour savoir s'il avait été arrêté tel ou tel jour, vous saviez bien aussi que ce n'est pas seulement à la police que l'on prend des renseignements sur un capitaine de hussard. Les cartons du ministère de la guerre vous étaient ouverts, vous avez pu y lire dans un rapport du général Bigarré, à la date du 13 août 1830 : « Le capitaine Kersosi du 4e hussards, jeune officier d'une valeur héroïque, dont les principes sont aussi chauds que son cœur est brûlant pour la liberté. Ce jeune officier a des droits à l'avancement, et je crois remplir un de mes premiers devoirs en demandant pour lui le grade de chef d'escadron. » Et dans un autre rapport, à la date du 26 octobre : « Il est tout à fait instant de le faire sortir de ce régiment, car avec ses idées de républicanisme il finirait par corrompre de braves gens qui ont confiance en lui. »

Ces faits n'étaient pas restés ensevelis dans les cartons du ministère ; ils avaient été publiés à la tribune, par le rapporteur d'une pétition de Kersosi. La tribune avait entendu alors que Kersosi avait, le 10 août, fait signer à son régiment et aux habitants de Pontivy une protestation carliste sans doute :

« Les citoyens de Pontivy et le quatrième de hussards repoussent l'élévation au trône du duc de Bordeaux. »

Kersosi carliste ! Ce mot est une injure pour lui, car elle suppose qu'il a abandonné les sentiments patriotiques qui l'animaient jadis. Il est des hommes, je le sais, qui, suivant les temps, changent leurs opinions et se présentent sans rougir aux regards d'une audience avec des sentiments nouveaux aussi passionnés que ceux qu'ils affectaient sous un autre règne ; honte à ces hommes-là ! Kersosi rougirait d'une assimilation avilissante.

« Altération de faits. « Voici mes preuves :

1° Votre acte d'accusation dit : « La Société des Droits de l'Homme avait d'abord choisi l'anniversaire des journées de juin....

Mais soit que le cœur leur manquât, soit qu'après s'être comptés ils ne se crussent pas encore en assez grand nombre pour commencer l'attaque, ils renvoyèrent aux journées de juillet l'exécution de leurs coupables projets. » (Pag. 3.)

S'il est un principe certain consacré par le code d'instruction criminelle, c'est que l'accusation ne peut loyalement articuler un fait sans que ce fait ait sa base dans l'instruction qui précède l'arrêt de renvoi. Eh bien! je défie formellement le mandataire de M. Persil de signaler le moindre témoignage, la moindre pièce qui ait pu l'autoriser à dire que la Société des Droits de l'Homme devait fêter les journées de juin par une insurrection.

C'est donc une supposition d'un fait et d'un fait grave.

2° Votre acte d'accusation a dit que « les deux comités en hostilité jusqu'au milieu de juillet, avaient suspendu leurs hostilités pour créer un comité d'action qui devait diriger l'insurrection. »

A l'audience, vous avez été contraint d'abandonner cette absurde hypothèse; Et si vous avez été forcé à l'abandon, ce n'est pas par la production de pièces nouvelles, mais bien par la simple lecture des pièces que le rédacteur de l'acte d'accusation avait sous les yeux, par la lecture de l'ordre du jour du comité Lebon, ordre du jour publié dans le *Journal de Paris* du 26 juillet, et par la réponse que le comité Raspail adressait au comité Lebon, par l'organe de *la Tribune* et du *National*, le 27 juillet.

Donc les deux comités ne s'étaient point ralliés pour une action commune, puisqu'ils se combattaient par la voie de la presse. L'opposition du comité Raspail à l'égard du comité Lebon était encore prouvée par cette lettre confidentielle saisie chez Lacombe. De plus, le comité Lebon, par son ordre de jour, ordonnait la permanence des sections; au contraire, la lettre saisie chez Lacombe prouvait que le comité Raspail avait conseillé à ses sectionnaires de se répandre paisiblement sur les boulevarts, et de ne crier à bas les bastilles que dans le cas où ces cris partiraient des rangs de la garde nationale. Ainsi tout prouvait la désunion et pour ainsi dire l'hostilité des deux comités jusqu'au 28 juillet! et votre acte d'accusation n'a pas craint d'affirmer que ces comités s'étaient réunis pour nommer un *comité d'action*.

Donc, seconde altération ou supposition d'un fait.

3° Votre acte d'accusation accuse Kersosi d'avoir fait partie de ce comité d'action. Par quelle preuve?... Pas une preuve, pas même un indice dans l'instruction! et votre acte d'accusation est réduit à dire : » Il en faisait *nécessairement* partie. » (Page 16.)

Encore une supposition de fait.

4° Mais cette supposition ne suffit pas encore; votre acte d'accusation ne se borne pas là; il suppose à la charge de Kersosi un discours fabriqué par un Tacite du parquet : « Kersosi aurait dit aux conjurés : « Remettez vos divisions à un autre temps; trêve à vos débats jusqu'au 1er août; suspendez temporairement l'autorité de vos comités; établissez pour cinq jours une sorte de dictature, à laquelle vous donnerez le nom de *comité extraordinaire d'action*, et après la victoire vous ferez à chacun justice rigoureuse. » (Page 7.)

Ainsi, supposition d'un discours, mauvaise imitation de Tacite, ou plutôt de Séjan!

5° L'acte d'accusation articule que ce *comité d'action*, qu'il a inventé, a ordonné la *permanence des sections*. (Pages 8 et 9.) Cette invention est habile; car pour qu'il y eût complot, c'est à dire résolution d'agir, il ne suffisait pas de créer un comité d'action; il fallait encore montrer ce comité comme résolu à agir. Eh bien! au moment où cette cinquième supposition était faite, elle était démentie par la déposition de Vignerte, qui avait avoué franchement que l'ordre du jour relatif à la permanence (celui qui avait paru dans le *Journal de Paris* du 26) était émané du comité dont il faisait partie, c'est à dire du comité Lebon. Et cette déposition était encore corroborée par la lettre de Raspail saisie chez Lacombe, lettre qui prouvait que le comité Raspail n'avait pas ordonné la permanence, puisqu'il avait ordonné à ses sectionnaires de se promener sur les boulevarts.

Nouvelle supposition d'un fait.

6° L'ordre du jour saisi sur l'élève Rouet, et qui parlait d'organisation de bataillons et de municipalités, votre acte d'accusation affirme qu'il émane du comité d'action. Sur quelle preuve? sur quel indice?... Nulle preuve! nul indice! L'acte d'accusation se borne à dire : Il est *visiblement* émané du comité d'action. » (P. 11.) Visiblement, nécessairement; nécessairement, visiblement; voilà les preuves alternatives invoquées dans un acte d'accusation aussi grave!!!

Vous avez visiblement, nécessairement supposé un fait.

7° A votre conspiration inventée à loisir il fallait des orateurs; c'est l'accusé Parfait qui sera le tribun. (P. 39 et 13). Mais Parfait était-il de la Société des Droits de l'Homme? Parfait avait répondu négativement; rien dans l'instruction ne donnait un démenti à sa déclaration; et votre acte d'accusation fait avouer à Parfait qu'il était de la société! (P. 39.)

Septième altération de fait.

8°. Il en est de même de l'accusé Chevalier; malgré ses dénégations, votre acte d'accusation affirme, sans aucune preuve, qu'il était de la société. Vous aviez besoin d'un certain nombre d'accusés dans votre complot; Chevalier sera du complot.

9° « Des membres de la Société des Droits de l'Homme étaient chargés de donner du retentissement aux cris : *A bas les bastilles!* et de propager les protestations, pour amener une collision et commencer le combat. En effet, pendant la revue, des groupes de jeunes gens ont été remarqués de distance en distance, suivant le cortége et criant : *A bas les forts détachés! A bas les bastilles! A bas le roi!* » (P. 13.)

Quel élément de l'instruction a dit au rédacteur de l'acte d'accusation que le comité avait donné un mandat semblable à des jeunes gens? Rien, vous m'entendez, rien; et cependant on affirme le fait!

Neuvième supposition de fait.

Si j'avais plus de temps je vous montrerais encore d'autres suppositions de faits et d'autres altérations des témoignages écrits; mais voyons les falsifications de pièces.

L'accusation de complot avait pour base unique la réunion des deux comités et la nomination d'un *comité d'action*. Tout le reste de l'accusation était coordonné avec cette première hypothèse à l'aide d'autres hypothèses dont je vous ai donné quelques échantillons. Mais il fallait une preuve quelconque pour servir de base à l'hypothèse principale; l'acte d'accusation possède cette preuve: « Des pièces *irrécusables* attestent l'existence du comité d'action. » (P. 8.)

Mais quelle est donc cette pièce irrécusable? C'est, le croiriez-vous, la pièce écrite de la main de Kersosi, cette pièce dont on a supprimé ces mots : « Les membres soussignés font la motion suivante » pour pouvoir dire dans l'acte d'accusation : « Le 21 juillet, dix-neuf chefs de série et de section se réunissent et *arrêtent* les bases, non d'une fusion définitive, mais d'une alliance momentanée, dont l'objet est suffisamment indiqué par la date et par la création d'un comité d'action. Voici l'acte écrit de la main de Kersosi, saisi à son domicile, le 28 juillet : Art. 1er, etc. »

Ainsi, par la suppression que j'ai signalée, ce qui n'était qu'une simple proposition, un simple projet, est transformé en résolution définitive, en traité complet. Sans ce traité l'accusation n'avait pas de base; elle se fait elle-même sa base en dénaturant la pièce. Le rédacteur de l'acte d'accusation avait donc un intérêt réel à mutiler, à falsifier la pièce, puisque sans cette mutilation la pièce était sans valeur pour servir de base à son édifice.

Croyez-vous que l'on puisse admettre que le rédacteur doive être regardé comme un homme qui n'a pas compris la portée de la suppression, qui ait fait cette suppression par légèreté? Je pose la question, chacun sera juré et la résoudra en consultant sa conscience. Quant à moi, j'ai consulté ma conscience, et j'ai déjà répondu.

Mais, dit-on, cette mutilation ne pourrait nuire à personne. La pièce originale était là. Chacun pouvait la consulter. Et si j'avais eu confiance en vous, si je n'avais pas vérifié, si je vous avais cru sur parole? Je pouvais lire l'arrêt de renvoi, dites-vous, et là j'aurais trouvé la pièce entière. J'ai lu l'arrêt de renvoi, et la pièce s'y trouve mutilée comme dans l'acte d'accusation! Vérifiez de suite, et vous verrez quel contrôle fidèle pouvait fournir l'arrêt de renvoi.

J'ai signalé l'introduction inexplicable d'une pièce à charge dans le dossier de Kersosi. Ai-je menti, ai-je calomnié? L'accusation dit : « Parmi les papiers saisis chez Kersosi s'est trouvée une pièce semblable aux trois exemplaires saisis sur les prévenus Chavot et Levasseur. C'est le plan de l'organisation de la société. Sous l'article 1er on lit : But de la société. Art. 2 : Sa composition : un commissaire, cinq sous-commissaires, cinq quinturions, cinq décurions, dix sectionnaires, *vingt éclaireurs*.... Art. 4 : Tribunal. Art. 6 : Serment... Cette organisation effrayante n'annonce que trop les coupables desseins de ceux qui s'y soumettent. Et ce serment exigé des associés, quel est-il? Le tribunal appelé à les juger, le connaît-on? » (Pag. 17.)

Eh bien! cette supposition était encore fausse. M. le président, il y a trois jours, a déclaré publiquement que rien, dans l'instruction, ne prouvait que cette pièce eût été trouvée chez Kersosi; que les procès-verbaux de saisie prouvaient le contraire; que c'était sans doute comme simple renseignement que cette pièce avait été mise dans le dossier de Kersosi!! Et cependant vous avez entendu le rédacteur de l'acte d'accusation. Est-il assez affirmatif? Quoi! il affirme un fait de cette gravité, et il a devant les yeux les procès-verbaux de saisie qui nient ce qu'il affirme. Il est bien coupable, s'il a lu les procès-verbaux; il est plus coupable encore, s'il ne les a pas lus.

Après avoir encore examiné la violation du secret des lettres et l'exhumation des pièces jugées depuis long-temps, Me Dupont termine à peu près en ces termes :

« Magistrats, vous êtes avant tout soumis au jugement de l'opinion publique. Pourquoi les journalistes sont-ils appelés dans cette enceinte? Est-ce pour qu'ils aient seulement à rendre compte des débats et satisfaire la curiosité d'un peuple d'oisifs? Non; c'est pour que le public vous juge à votre tour, vous qui jugez les autres. Ce n'est point ici une froide spéculation de la part de la presse; c'est un acte de haute moralité. Quand j'ai vu que la presse pénétrait sous ses voûtes, je me suis dit : Le pays tout entier y vient avec elle. (Se tournant vers le bureau des rédacteurs de journaux.) Journalistes, vous avez reproduit avec fidélité ma pensée tout entière : je vous en remercie. Ce que j'ai dit pour que vous le répétiez au pays, je le répète une seconde fois; ce ne sera pas ma faute si le pays l'ignore.

(A la cour.) De quel côté que je considère ce que j'ai dit, je me félicite de l'avoir dit. Est-ce avec intention que notre adversaire a mutilé des pièces, altéré des témoignages, supposé des faits? il est *coupable*. Est-ce par légèreté? Mais il y a long-temps qu'on a dit que chez le magistrat la légèreté est un crime... Et vous voulez que je me taise! Moi qui dirais la vérité devant un bourreau, je ne la dirais pas devant des juges? Mais vous me prenez donc pour un misérable? J'endurerai la persécution, mais je n'endurerais pas l'ignominie.

Ce qui vous scandalise surtout, c'est que je vous ai dit : Je vous rappelle à la pudeur. Après toutes les plaintes que j'avais le droit de porter contre le procureur-général, il me semblait qu'en appeler à sa pudeur était le langage le plus doux que je puisse tenir. Me suis-je trompé? Serait-il donc vrai qu'il ne soit même plus permis de faire un appel à la pudeur et à la conscience de M. le procureur-général? Quoi qu'il en soit, je le répète pour qu'on le sache bien, mes accusations s'adressent spécialement à M. Persil. J'ai dit qu'une main sacrilége avait chassé la justice de son trône pour la précipiter dans la boue des cités; c'est encore là une des phrases que vous me reprochez : c'est encore à M. le procureur-général qu'elle s'adresse.

Vous vous êtes affligés de m'entendre dire que pas un seul pouvoir n'était aujourd'hui digne de nos respects; et moi aussi je me suis affligé de l'avilissement qu'on a fait subir à la magistrature; je me suis affligé de ce qu'au milieu de tant de pouvoirs qui passent, pas un seul, même la justice, ne restât debout sur son piédestal. Vous m'accusez, vous auriez dû me louer; vous m'accusez, mais le pays me saura gré des paroles de deuil que j'ai fait entendre dans ces tristes débats.

Si je dois être rayé, et cela est possible, j'ai voulu que les magistrats fussent bien éclairés sur la vérité de mes allégations, afin qu'il soit constant que, s'ils me condamnent, c'est qu'ils veulent condamner la vérité.

Vous dites que les termes dans lesquels j'ai flétri l'accusation ont eu du retentissement, et vous me le reprochez. Il y a une autre chose qui, pour l'honneur de l'humanité, n'aurait pas dû sortir de l'obscurité de cette enceinte, c'est l'accusation elle-même. On n'aurait pas eu sous les yeux l'exemple scandaleux d'un magistrat demandant la déportation de vingt-sept citoyens, avec pas une pièce vraie!

Après cette chaleureuse défense de Me Dupont, la cour, composée de MM. Jacquinot-Godard, Dozon et Brizont de Barneville, rend l'arrêt suivant :

ARRÊT D'INTERDICTION.

« Considérant qu'il appartient à la cour, aux termes de l'art. 103 du décret du 20 mars 1808, de connaître des fautes de discipline qui auraient été commises à ses audiences;

« Considérant qu'à l'audience du 13 de ce mois, et lors de la lecture de l'écrit de l'accusé Raspail, Me Pinart, s'expliquant sur la reproduction inexacte d'un passage de cet écrit dans l'acte d'accusation rédigé par le procureur-général près la cour, s'est écrié : *C'est le fait d'un faussaire!*

« Qu'interpellé par le président de s'expliquer sur cette expression, il a ajouté : *Je l'ai dit, je le maintiens*; qu'au même moment, Me Michel s'est levé spontanément en disant : *L'expression m'appartient également; je demande que mon nom soit placé à côté de celui de Me Pinard.*

« Considérant qu'il est vérifié que l'erreur qui s'est glissée à cet égard dans cet acte provient de ce que le procureur-général n'étant pas nanti des pièces de l'instruction, a copié les incriminations de cet écrit ainsi qu'elles étaient portées à la page 58 du réquisitoire définitif fait en première instance;

« Que cette inexactitude était complétement indifférente, puisque la pièce était inscrite en entier dans plusieurs actes de l'accusation qui ont été soit communiqués, soit même signifiés aux accusés; qu'ils ont même été lus en entier à l'audience de la veille, ce qui atteste que l'erreur était purement involontaire; que cependant, et même après les explications données à l'audience de ce jour, les avocats ont persisté à attribuer cette énonciation fautive à la malveillance;

« En ce qui touche Me Dupont, considérant qu'à l'audience dudit jour, 13 de ce mois, et lorsqu'une pièce de la main de Théophile Kersosi était représentée à cet accusé, Me Dupont s'expliquant sur les deux premiers mots, les *membres*, écrits au crayon et qui ne sont pas de la même main que le reste, a dit : *Je reconnais le crayon rouge du parquet;*

« Qu'interpellé à cet égard, il a répondu d'abord n'avoir attaché à ces expressions aucune intention malveillante, n'avoir pas même eu la pensée qu'un faux aurait pu être commis ;

« Qu'en effet il fut établi à l'instant même que le 12 août cette pièce qui, était entre les mains du juge d'instruction, avait été représentée à l'accusé dans l'état même où elle était produite aux débats ;

« Considérant que Me Dupont, averti par les réquisitions immédiates du ministère public, loin de réparer ses torts, les a aggravés en reproduisant la même attaque, et en se livrant, à l'audience du 20 de ce mois, et même dans la défense qu'il vient de présenter, à de nouveaux outrages envers le procureur-général ; qu'il lui a notamment reproché d'avoir falsifié des pièces pour motiver l'arrestation et la détention prolongé de citoyens, et que même il a ajouté que, sans ce qu'il qualifiait de falsification, toute accusation eût été impossible ; que cette imputation est d'autant moins excusable, que cet avocat ne pouvait ignorer que l'acte d'accusation n'est jamais rédigé qu'après l'arrêt qui renvoie les accusés devant la cour d'assises ;

« Considérant que les autres inexactitudes et les déductions signalées par Me Dupont comme erronées étaient évidemment le résultat de la rapidité avec laquelle l'acte d'accusation a été rédigé lorsque les accusés demandaient à être jugés sans retard après une longue instruction ; que d'ailleurs en présence des pièces originales produites par le procureur-général lui-même, qui devaient être et ont été lues publiquement et remises aux jurés, il lui était impossible d'attribuer de bonne foi à ce magistrat les intentions odieuses qui lui ont été supposées ;

« Considérant que, quelle que soit la latitude qui doive être accordée à la défense, les avocats doivent se renfermer dans les bornes prescrites par la loi et leur serment, qui leur impose l'obligation de respecter les magistrats et de s'exprimer avec décence et modération ;

« Que loin de là, les avocats susnommés, dans une cause où il s'est montré tant d'irritation, ont donné à leurs clients l'exemple de la passion et de l'outrage ;

« Considérant enfin que la répression est d'autant plus nécessaire, que ces attaques violentes sont dirigées contre un magistrat exposé à la haine des partis par suite du courage avec lequel il accomplit ses difficiles fonctions ;

« Faisant l'application des peines de disciplines déterminées par l'ordonnance du 20 décembre 1822, art. 18 ;

« Interdit à Me Dupont, à Me Pinard et à Me Michel l'exercice de leur profession d'avocat, savoir : à Me Dupont pendant une année, à Mes Michel et Pinart pendant six mois ;

« Donne acte, aux termes de l'art. 43 de la même ordonnance, au ministère public, de toutes réserves pour poursuites extraordinaires. »

NOTES JUSTIFICATIVES

SUR LA PLAIDOIRIE DE Me DUPONT.

GROTIUS : *de Jure pacis et belli*, traduction de Barbeyrac : Livre II, Chap. II, § II :

« Dieu, immédiatement après la création du monde, donna au genre humain en général un droit sur toutes les choses de la terre, et il renouvella cette concession dans le renouvellement du monde, après le déluge. *Tout était alors commun*, ainsi que parle Justini (l. XLIII C. I. Nomb. 3.), et chacun en *jouissait par indivis, comme s'il n'y eût eu qu'un seul patrimoine*..... L'usage que l'on faisait ainsi du droit commun à tous les hommes tenait lieu alors de propriété......

« Les choses seraient sans doute demeurées dans cet état si les hommes eussent continué à vivre dans une grande simplicité, ou qu'ils eussent vécu tous ensemble dans une grande amitié.

« Mais avec le temps, les hommes, las de cette vie simple et innocente, s'adonnèrent à divers arts.

« La cause donc pourquoi on renonça à l'ancienne communauté des choses mobiliaires, puis des immeubles, ce fut que les hommes ne se contentant plus, pour leur nourriture, de ce que la terre produit d'elle-même, n'étant plus d'humeur à demeurer dans des cavernes, d'aller tous nus ou couverts seulement d'écorces d'arbres ou de peaux de bêtes, voulurent vivre d'une manière plus commode et plus agréable ; car il fallut pour cela du travail et de l'industrie que l'un employait à une chose, l'autre à une autre. Et il n'y avait pas moyen alors de mettre en commun les revenus, premièrement à cause de la distance des lieux dans lesquels chacun s'était établi, et ensuite à cause du manque d'équité et d'amitié qui faisait qu'on n'aurait pas gardé une juste égalité ni dans le travail ni dans la consomption des fruits et des revenus.

« De là il paraît aussi que les choses n'ont pas commencé à passer en propriété par *un simple acte intérieur de l'ame* puisque les autres ne pouvaient deviner ce que l'on voulait s'approprier pour s'en abstenir eux-mêmes, et que d'ailleurs plusieurs auraient pu vouloir en même temps une même chose. Mais cela s'est fait par *une convention*, *ou expresse* lorsqu'on partageait des choses qui étaient auparavant en commun, ou *tacite* comme quand on s'en emparait. Car du moment qu'on ne voulut plus laisser les choses en commun, tous les hommes furent censés ou durent être censés avoir consenti que chacun s'appropriât, par droit de premier occupant, ce qui n'aurait pas été partagé.....

« Pour ce qui est des bêtes sauvages, des poissons et des oiseaux, celui qui a la souveraineté des terres et des eaux peut défendre de prendre ces sortes d'animaux, et empêcher ainsi qu'on les acquière en les prenant.

« En vain objecterait-on une maxime qui se lit souvent dans les maximes des jurisconsultes romains, c'est que par le droit de la nature et des gens, comme ils parlent, il est permis de prendre ces sortes d'animaux. Cela n'est vrai *qu'en supposant qu'il n'y ait pas de loi civile qui le défende*... Or quand une loi civile règle entièrement les choses, le droit même de la nature veut qu'on l'observe : car quoique les lois civiles ne puissent rien commander qui soit défendu par le droit naturel, ni rien défendre qui soit commandé par ce même droit, elles peuvent néanmoins resserrer la liberté naturelle et défendre ce qui était naturellement permis. Ainsi leurs défenses ont la vertu d'empêcher qu'on acquière à juste titre une chose dont la propriété aurait été sans cela naturellement acquise.

« Voyons ensuite si les hommes peuvent avoir un *droit commun* sur certaines choses qui *appartiennent à quelques-uns* en particulier? La question paraîtra peut-être d'abord étrange, puisque l'établissement de la propriété semble avoir éteint tout le droit que donne l'état de communauté. Mais cela n'est point; et pour convenir du contraire, il ne faut que considérer l'intention de ceux qui les premiers ont introduit la propriété des biens. On a tout lieu de supposer qu'ils n'ont voulu s'éloigner que le moins qu'il a été possible des règles de l'équité naturelle : et ainsi c'est avec cette restriction que les droits des propriétaires ont été établis. Car si les lois, mêmes écrites, doivent être ainsi expliquées autant qu'il se peut, à plus forte raison doit-on donner cette interprétation favorable aux choses introduites par une coutume non écrite, et dont par conséquent l'étendue n'est point déterminée par la signification des termes.

« De là il suit que dans un cas d'extrême nécessité, le droit ancien de se servir des choses qui se présentent revit en quelque manière, tout de même que si elles étaient encore communes; parce que ces sortes de cas semblent exceptés dans toutes les lois humaines, et par conséquent dans celle qui a établi la propriété des biens... »

PUFFENDORFF, DROIT DE LA NATURE ET DES GENS. LIV. 4, CHAP. IV. § IV.

« Il faut remarquer que la permission par laquelle Dieu a accordé aux hommes l'usage des biens de la terre, n'est pas la cause immédiate de la propriété, en tant que ce droit a quelque effet par rapport à autrui; et la preuve de cela, c'est que les bêtes se servent aussi de ces choses et les consument avec la permission de Dieu, sans qu'ils y aient entre elles aucune propriété.

« Mais la propriété suppose nécessairement un acte humain et quelque convention ou expresse ou tacite. Il est certain que Dieu a permis aux hommes de faire servir à leurs besoins et à leurs commodités non seulement la terre et tout ce qu'elle produit, mais encore les animaux, c'est à dire qu'il a donné au genre humain un droit général et indéterminé sur ces créatures. Mais la manière, l'étendue et le degré de l'usage qu'on en peut faire ont été remis à la volonté et à la disposition des hommes; de sorte qu'il leur était libre de donner ou de ne pas donner des bornes à ce pouvoir, de le laisser à chacun ou absolument sur tout, ou seulement sur certaines choses; ou bien d'assigner à chacun sa portion dont il dût se contenter sans rien prétendre au reste... En effet Dieu n'a pas prescrit une certaine manière de posséder les biens du monde à laquelle tous les hommes soient tenus de se conformer; ce sont les hommes eux-mêmes qui ont réglé cela selon que le repos et l'avantage de la société le demandaient.....

« Tout ce que fait la loi naturelle, c'est qu'elle nous conseille d'établir la propriété lorsque l'avantage de la société humaine le demande, laissant d'ailleurs à la prudence des hommes à examiner s'ils doivent rendre propres toutes les choses, ou seulement quelques-unes... Sur ce pied-là le droit naturel autorise toutes les conventions faites là-dessus entre les hommes, à moins qu'elles ne renferment quelque chose de contradictoire ou d'incompatible avec le repos de la société : *d'où je conclus que la propriété des biens tire immédiatement son origine des conventions humaines expresses ou tacites;* car quoique la permission divine une fois posée, chacun fut dès lors en droit de s'emparer des biens de la terre; cependant, afin que par cela seul qu'un homme se mettait en possession d'une chose, tous les autres fussent censés exclus du droit qu'ils y avaient auparavant aussi bien que lui, il fallait certainement quelques conventions. Et cet établissement de la propriété, pour être conforme aux maximes de la droite raison, ne laisse pas d'être originairement fondé sur les conventions humaines.....

Un auteur moderne (VALCHUYSEN, *de Principiis justi et decori*), établit ici des principes propres à illustrer la matière. L'homme, dit-il, a droit de posséder et d'employer à ses usages les créatures destituées de raison. Mais comme naturellement tous les hommes sont égaux, ils ont aussi un droit égal sur toutes les créatures, *et l'on ne trouve rien d'ailleurs dans les* CREATURES MÊMES (1), *en vertu de quoi il faille assigner à chacun sa part.* On ne saurait donc s'empêcher de reconnaître que la distinction des biens tire son origine des conventions. Or dans tout établissement humain *l'exception d'une nécessité extrême est tacitement renfermée* (2) : ainsi du moment qu'on se trouve dans ce cas-là, le droit que chacun avait sur toutes choses reprend sa force. Car quand on a fait le partage des biens, chacun n'a renoncé à son droit naturel sur les choses assignées en propre à autrui qu'avec cette restriction tacite, *qu'on ne puisse pas se conserver autrement.* Ce n'est pas que les malheurs qui nous arrivent nous donnent le droit à des choses auxquelles nous n'avions rien à prétendre ; mais la grandeur du péril fait cesser la condition sous laquelle on avait cédé son droit....»

POTHIER, TRAITÉ DE LA PROPRIÉTÉ, Iere PARTIE, CHAP. II, ART. Ier.

« Les premiers hommes eurent d'abord en commun toutes ces choses que Dieu avait données au genre humain. Cette communauté n'était pas une communauté positive, telle que celle, qui est entre plusieurs personnes qui ont en commun le domaine d'une chose dans laquelle elles ont chacune leur part; c'était une communauté que ceux qui ont traité de ces matières appellent communauté négative, laquelle consistait en ce que ces choses qui étaient communes à tous, n'appartenaient pas plus à aucun d'eux qu'aux autres, et qu'aucun ne pouvait empêcher un autre de prendre, dans ces choses communes, ce qu'il jugeait à propos d'y prendre, pour s'en servir dans ses besoins. Pendant qu'ils s'en servaient, les autres devaient la lui laisser; mais après qu'il avait cessé de s'en servir, si la chose n'était pas de celles qui se consument par l'usage que l'on en fait, cette chose rentrait dans la communauté négative, et un autre pouvait s'en servir de même.

« Le genre humain s'étant multiplié, les hommes partagèrent entre eux la terre, et la plupart des choses qui étaient à sa surface; ce qui échut à chacun d'eux commença à lui appartenir privativement à tous autres : *c'est l'origine du droit de propriété.*

---

(1) Que devient le droit inhérent à la personne, le droit de M. Dupin?
(2) Là est la justification de toute la révolution.

DROIT DE PROPRIÉTÉ. — SES MODIFICATIONS ET LIMITES. (CHAP. I.)

« Le droit de propriété, considéré par rapport à ses effets, doit se définir le droit de disposer à son gré d'une chose, *sans donner néanmoins atteinte au droit d'autrui ni aux lois.*

« Dans notre définition, après ces termes, *sans donner atteinte aux droits d'autrui*, nous avons ajouté, *ni aux lois* : car, quelque étendu que soit le droit qu'à un propriétaire de faire de sa chose ce que bon lui semble, il ne peut pas néanmoins en faire ce que les lois ne lui permettent pas d'en faire; par exemple, quoique le propriétaire d'un champ puisse y planter tout ce que bon lui semble, il ne lui est pas permis néanmoins d'y faire une plantation de tabac : y ayant des lois qui défendent ces plantations dans le royaume.

« Pareillement, quoique le droit de propriété d'une chose renferme le droit de la prendre et de la transporter où bon lui semble ; il n'est pas néanmoins permis de transporter son blé hors du royaume, lorsqu'il y a une loi qui en défend l'exportation. Il n'est pas permis à un marchand de vendre une quantité considérable de blé, surtout dans un temps de disette, au préjudice des lois de police, qui ordonnent de le mener et de le vendre au marché.

« Pareillement, quoique le droit de propriété d'une chose renferme le droit d'en mésuser et de la perdre, un marchand, propriétaire d'une quantité considérable de blé, qui, en différant trop long-temps de le vendre dans l'espérance que le blé enchérirait, l'aurait laissé perdre dans un temps de disette, serait coupable envers le public d'une injustice considérable; la loi naturelle ne lui permettant pas de laisser perdre une marchandise d'une première nécessité, au préjudice du besoin que le public en a.

BENTHAM; TRAITÉ DE LÉGISLATION, CHAP. VIII, DE LA PROPRIÉTÉ.

Pour mieux sentir ce bienfait de la loi, cherchons à nous faire une idée nette de la *propriété. Nous verrons qu'il n'y a point de propriété naturelle, qu'elle est uniquement l'ouvrage des lois.*

« La propriété n'est qu'une base d'attente; l'attente de retirer certains avantages de la chose qu'on dit posséder en conséquence des rapports où l'on est déjà placé vis-à-vis d'elle.

« Il n'est point d'image, point de peinture, point de trait visible, qui puisse exprimer ce rapport qui constitue la propriété. C'est qu'il n'est pas matériel, mais métaphysique. Il appartient tout entier à la conception de l'esprit.

« Avoir la chose entre ses mains, la garder, la fabriquer, la vendre, la dénaturer, l'employer, toutes ces circonstances physiques ne donnent pas cette idée de la propriété. Une pièce d'étoffe, qui est actuellement aux Indes, peut m'appartenir, tandis que l'habit que je porte peut n'être pas à moi. L'aliment qui s'est incorporé dans ma propre substance peut appartenir à un autre à qui j'en dois compte.

« L'idée de la propriété consiste dans une attente établie, dans la persuasion de pouvoir retirer tel ou tel avantage de la chose selon la nature du cas. Or, *cette attente, cette persuasion, ne peuvent être que l'ouvrage de la loi.* Je ne puis compter sur la jouissance de ce que je regarde comme mien que sur la promesse de la loi qui me le garantit. C'est la loi seule qui me permet d'oublier ma faiblesse naturelle. C'est par elle seule que je puis enclore un terrain, et me livrer au travail de la culture dans l'espoir éloigné de la récolte.

« Mais, dira-t-on, qu'est-ce qui servit de base à la loi pour le commencement de l'opération, quand elle adopta les objets qu'elle promit de protéger sous le nom de propriété? Dans l'état primitif, les hommes n'avaient-ils pas une attente naturelle de jouir de certaines choses, une attente qui dérivait de sources antérieures à la loi?

« Oui; il y a eu dès l'origine, il y aura toujours des circonstances dans lesquelles un homme pourra s'assurer par ses propres moyens la jouissance de certaines choses, mais le catalogue de ces cas est bien borné. Le sauvage qui a caché une proie, peut espérer de la garder pour lui seul, tant que sa grotte n'est pas découverte, tant qu'il veille pour le defendre, ou qu'il est plus fort que ses rivaux, mais voilà tout. Combien cette manière de posséder est misérable et précaire! supposez la moindre convention entre ces sauvages pour respecter réciproquement leur butin, voilà l'introduction d'un principe auquel vous ne pouvez donner que le nom de loi. Une attente faible et momentanée peut donc résulter de temps en temps de circonstances purement physiques, mais une attente forte et permanente ne peut résulter que de la loi. Ce qui n'était qu'un fil dans l'état naturel est devenu pour ainsi dire un câble dans l'état social.

La propriété et la loi sont nées ensemble et mourront ensemble. Avant les lois, point de propriété : ôtez les lois, toute propriété cesse.

MIRABEAU. « Qu'est-ce que la propriété? c'est le droit que tous ont donné à un seul de posséder exclusivement une chose à laquelle, dans l'état naturel, tous avaient un droit égal; et d'après cette définition générale, qu'est-ce qu'une propriété particulière? *C'est un bien acquis en vertu des lois.* Oui, messieurs, c'est la loi seule qui constitue la propriété parce qu'il n'y a que la volonté publique qui puisse opérer la renonciation de tous et donner un titre comme un garant à la jouissance d'un seul. »

A tous ces adversaires de M. Dupin, il faut ajouter tous les penseurs qui, non seulement n'ont pas regardé la propriété individuelle comme un droit naturel, inhérent à la personne même de chaque propriétaire, mais encore ont pensé que la propriété individuelle était contre le droit naturel.

1. PLATON qui professe partout la doctrine du partage des biens, et qui refuse de donner des lois aux Thébains, parce que les riches ne voulurent pas consentir au partage égal des fortunes.

2. DIDEROT, Code de la nature.

3. J.-J. ROUSSEAU. « Le premier qui, ayant clos un terrain s'avisa de dire « cela est à moi, et trouva des gens assez simples pour le croire, fut le vrai fondateur « de la société civile. Que de crimes, de guerres, de meurtres, que de misères et « d'horreurs n'eut pas épargné au genre humain celui qui, arrachant le pieu, « comblant le fossé, eût crié à ses semblables : Gardez-vous d'écouter cet impos- « teur; vous êtes perdus si vous oubliez que les fruits sont à tous et que la terre « n'est à personne. » (Discours sur l'inégalité, 2e partie.)

4. BECCARIA. « Le droit de propriété est un droit terrible et qui n'est peut- « être pas nécessaire.

5. THOMAS MORUS.

6. CAMPANELLE.

7. PASCAL. « Ce chien est à moi, disaient ces pauvres enfants ; c'est là ma place au « soleil : voilà le commencement et l'image de l'*usurpation* de toute la terre.

NOUVELLES RAISONS QUI JUSTIFIENT LA DÉFINITION DE LA PROPRIÉTÉ ÉMISE DANS LA DÉCLARATION.

1. La loi civile pourrait ne pas admettre de droit successif, mais elle l'accepte; en l'acceptant elle le crée, et se réserve le droit de le modifier en consultant les intérêts politiques et économiques de la société.

Mais soit que la loi ordonne l'égalité absolue dans les partages entre les enfants ou les héritiers d'un citoyen, soit qu'elle autorise dans la succession un prélèvement quelconque appelé du nom de *majorat* ou de tout autre nom, et que le partage du reste de la succession soit soumis à la règle générale de l'égalité; toujours est-il que, dans une hérédité donnée chacun reçoit une part, une portion de biens, portion que la loi lui garantit. Le droit de propriété de l'héritier qui vient d'appréhender sa part dans une succession ne peut donc se traduire autrement que par ces mots : Le droit de jouir de la portion de biens qui lui est garantie par la loi. Tout autre traduction ne serait pas exacte.

La définition du droit de propriété, telle qu'elle est donnée par la déclaration de Robespierre, est donc seule conciliable avec les modifications que les lois de succession apportent à chaque propriété après la mort de chaque citoyen.

2. Le droit naturel pur, tel qu'il est conçu *à priori* par ses professeurs, serait inconciliable avec tout état social : aussi les philosophes de cette école disent-ils que dans l'état de société l'homme fait le sacrifice d'une *portion* de sa liberté pour que l'autre *portion* lui soit garantie. Dès lors la liberté sociale devrait être rationnellement définie ainsi : *la portion de liberté garantie par la loi.*

Le droit absolu de propriété serait, comme la liberté absolue, incompatible avec l'état de société. Aussi l'homme social est obligé de faire le sacrifice d'une portion de sa propriété, comme il fait le sacrifice d'une portion de sa liberté, pour que l'autre portion de sa propriété lui soit garantie. Dès lors le droit de propriété, dans l'état de société, ne peut être défini rationnellement qu'en ces termes : *le droit de jouir de la portion de biens garantie par la loi.*

3. La définition se justifie encore davantage lorsque l'on considère la propriété sous son aspect véritablement utile à l'homme.

Le droit de propriété réellement utile à un homme, ce n'est pas le droit de se dire propriétaire de telle terre ou de tel capital, mais c'est la jouissance libre et garantie des *revenus* et des *fruits* de cette terre ou de ce capital. Un exemple va rendre la pensée sensible : si la loi garantissait votre droit de propriété sur une terre, mais si en même temps elle frappait le revenu d'un impôt annuel qui l'absorbât, la loi ne vous garantirait qu'un droit de propriété vague et inutile, un parchemin. La propriété *utile* consiste donc principalement dans la jouissance et la libre disposition du revenu.

Mais personne n'a jamais douté, je le pense, que la société ait le droit de prélever une portion annuelle du revenu sous le nom d'impôt ou de contribution : dès lors la société ne laisse aux propriétaires, ne garantit aux propriétaires qu'utroen *pion* du revenu, c'est à dire de la propriété utile.

La propriété est donc encore, même pour les partisans du droit naturel, le droit de jouir de la *portion* de biens, de la *portion* de revenus garantie par la loi.

TESTAMENT DE CHEVÉ.

« Ayant fait d'avance le sacrifice de ma vie à la cause sainte de la liberté; sachant qu'un républicain doit être prêt chaque jour à la mort quand un roi règne sur son pays; pensant d'ailleurs que je ne serai vraiment capable de vertu que dégagé des liens qui m'attachent à la terre, je veux formuler ici mes dernières volontés.

« Je lègue à l'enfant qui doit bientôt naître de moi l'héritage de mes croyances; les voici :

« Je crois à un principe des choses et des êtres, principe éternel, parce que rien ne meurt; intelligent, parce que de lui émanent les lois admirables de l'univers; équitable, parce que chacune de ses œuvres décèle la justice.

« Je crois à la continuation indéfinie de ma vie intellectuelle. Je crois que ce principe de l'intelligence qu'on appelle ame sera cruellement torturé par le souvenir du crime, délicieusement affecté par celui de la vertu.

« Voilà toute ma religion; tel est mon culte.

« La fin de l'homme est le bonheur, son moyen la vertu; — le bonheur, c'est le contentement de soi-même, selon la raison; — la vertu, c'est l'exercice de l'intelligence vers le bien.

« Sous les lois de ton organisation exerce ton intelligence, élève ton ame et tu seras heureux.

« Vivre, c'est sentir; les sensations sont la pâture de la pensée; la pensée est la voix de l'ame; l'ame est tout; le reste n'est rien.

« On est grand par le dévouement. Le dévouement se compose d'énergie et de persévérance; accélérer le progrès, telle est la tâche du républicain; — sacrifier les individualités aux masses, voici la règle de sa conduite.

« La liberté se compose du travail qui rend indépendant les autres, et de l'intelligence qui brise l'esclavage des sens, des préjugés des hommes. — Il est plus facile d'être libre dans un cachot que sur un trône. — La liberté, c'est l'émission illimitée d'actes selon le droit.

« L'égalité, c'est la consécration de la justice; la justice, c'est l'intelligence selon l'ordre, c'est l'état des choses selon les lois de leur organisation.

« Le devoir est le respect du droit dans autrui.

« Telles sont les bases de mes idées morales et politiques. Tout repose sur le dévouement, et il n'est pas possible d'être républicain sans avoir sans cesse sous les yeux ces paroles de Saint-Just : « Celui qui veut faire des révolutions dans ce monde, celui qui veut faire le bien, ne doit dormir que dans le tombeau.»

« Je lègue à C..... V......, demeurant rue ......, la moitié de ce qui doit m'appartenir de la succession de mon père, à la charge de payer 150 fr. à M. B....., détenu à Sainte-Pélagie, pour un billet de 75 fr. à lui dus; de plus 25 fr. à M. S....., rue de la Tixeranderie, n. 15, pour 15 fr. dus; plus 300 fr. à J..... (Athanase), dont 100 fr. pour consacrer à son instruction et 100 fr. à distribuer aux patriotes dans le besoin.

« Je reconnais comme mien, par un acte, l'enfant dont Cl..... Y......, est enceinte. J'engage Cl. à l'élever dans tous mes princepes et à faire germer dans son cœur l'amour de la liberté et la haine des rois. Puisse mon patriotisme ardent effacer toutes mes fautes! Fait ce 27 juillet 1833, rue des Bourguignons, 1. CH. CHEVÉ.

FIN.

PARIS, IMPRIMERIE DE POUSSIELGUE, RUE DU CROISSANT, 12.

www.ingramcontent.com/pod-product-compliance
Ingram Content Group UK Ltd.
Pitfield, Milton Keynes, MK11 3LW, UK
UKHW020238220726
13923UKWH00002B/723

9 782329 055763